哲學十大問題

鄔昆如 著

東大三民圖書

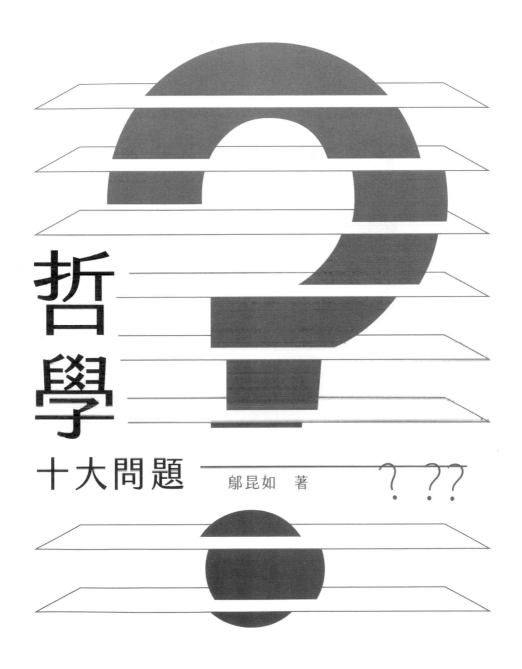

再版說明

本書內容條目清楚、文字深入淺出，是哲學入門的優良選擇，自民國六十七年出版以來，歷經數次改版，深受廣大讀者的喜愛。哲學普及近幾年來逐漸走入大眾的眼中，各式各樣的哲學讀物如春天的百花盛開一般，帶來前所未見的風景。有的以時事作為基底、有的以哲學領域作為劃分、有的則以哲學家的名言錦句為素材。本書另闢蹊徑，從哲學的根本活動——思考出發，將哲學的思考拆解為十個問題：「哲學」、「人」、「思想」、「存在」、「科學」、「倫理」、「藝術」、「宗教」、「神」、「社會」。從主體到對象，從個人到社會，跳脫以西洋哲學為主流的觀點，納入東方哲學各主題的探討，細緻講解各主題在東西方以及當代的發展，從而理解其流變，提供給讀者更完整的哲學討論。

本書作為哲學入門讀物，依據哲學最為重要的研究方法——思考，作為切分主題的標準；在各主題之中，談論東西方哲學的問題意識演變，讓讀者能夠在文字中掌握不同哲學系統共同的關懷，最後匯流至當代哲學的討論，提供讀者完整脈絡。本書一開始先綜談「哲學」之發展，論及哲學之內涵，給予讀者一個「哲學」的清晰圖像；再從思考活動著手，分為三個主題：思考主體——「人」；思考活動的產物——「思想」；被思考的對象——「存在」，研究三個主題的發展，可以讓讀者掌握到哲學思考的過程；而思考內容可以分為四個層次：真、善、美、聖，恰好對應到哲學中重要的領域：「科學」、「倫理」、「藝術」、「宗教」，理解此四個領域的哲學發展，亦能了解這些推動人類文明發展的歷史過程；本書特從「宗教」分出「神」一主題，從古至今，人類對於神的存在，可說是又敬畏又好奇，因而在哲學思考中迸發出燦爛的光輝，誕生出許多對於神的探問，這點卻是不分東西；最後，聚焦在每個個人終要走入的「社會」，叩問人與人之間的互動與交流，期望達到人我共存的社會光景；十大問題的提出，提供讀者快速掌握哲學的渠道，讓讀者擁有完整的思考架構。

作者鄔昆如教授為奧地利銀色堡大學神學碩士、德國慕尼黑大學哲學博士，本身又曾是天主教神父，並曾在輔仁大學任教，對於基督宗教、西洋文化、西洋哲學的認識，較一般學者來得深刻又透徹。是故本書所提出的十大問題，雖從不同層次談論哲學，皆能以最切中要點的答案來回應，讀者可以透過閱讀十個問題的脈絡，完整掌握哲學的精要、理解哲學的思考。期許每位讀者都能從本書中品嘗到這歷久彌新的哲學好滋味！

東大圖書公司編輯部　謹識

二版序

《哲學十大問題》首先在《哲學與文化》月刊連載，後收集成冊，交由「東大圖書公司」出版，已是四分之一世紀以前的事；到今天，書中的一些內容已不合時宜，有所批評的地方，也已改進；東大編輯部最近來電，謂該書準備再版，希望作者作一番修改斧正。作者在舊書重讀之中，的確發現需改進的地方不少，不過，思想基本的結構還是歷久彌新的，因此樂意於花時間去修訂，同時寫一篇「二版序」，描述作者自身對拙著的感想。

筆者已年過古稀，亦已退休，回顧四十年的教學生涯，事實上只是在「正本」、「清源」二事上，致力於「導論哲學」的工作。筆者平生無大志，只是希望作一個哲學工作的「先行者」(Prae-ambula philosophiae)；四十年來所出版的四十幾本書都是在「導論」哲學入門，給同學們「基本的」知識和思想道路。在「正本」方面，介紹了西洋哲學的全方位「歷史發展」(有「正中」的《西洋哲學史》，有「三民」的《西洋哲學史話》，二者皆為「通史」型；其他《西洋哲學十二講》、《希臘哲學趣談》、《中世哲學趣談》、《近代哲學趣談》、《現代哲學趣談》，皆屬「斷代史」的寫法），以及融洽中、西、印的哲學概論，也是全方位的介紹哲學的「內在涵義」（有「五南」的《哲學概論》，「空大」的《哲學概論》，「五南」的《人生哲學》，「東大」的這本《哲學十大問題》）。無論對哲學家、哲學派系、哲學經典、哲學概念，都儘量做到如實地「正本」工作。

在「清源」方面，則是在許多「講演」中，針對時弊，做著批判的工作，這些講稿和論文，也已收集成冊（第一至第六冊由「東大圖書公司」出版，第七冊由「輔大出版社」出版），書名就叫《文化哲學講錄》。

筆者一直覺得，「哲學家」與「哲學老師」不同；哲學家會發揮自己的高深理論，可以「自成一家」，而哲學老師則是帶領學生進入哲學的殿堂，和學生們一起觀賞哲學智慧的花朵。筆者這幾十年來，一直希望自己做好「哲學老師」的角色，不在任何哲學局勢上標新立異，也不在課堂上宣示自己的發明，更不在生命中成立什麼派系，而深深覺得「哲學愛智」是在「定位宇宙」，並在宇宙中「安排人生」，人與人之間、哲學家與哲學家之間、哲學派別與派別之間，都應是圓融一體的，不應有「或此或彼」的對立、矛盾存在。

「十大問題」的「正本」和「清源」的內容，有許多已經由人類歷史的智慧修改了；其中最清楚的，莫過於馬列主義的「理念」和「制度」，無論蘇俄、東歐、中共，事實上都放棄了「共產」的制度，改由「私有財產」的生活方式；主要的，還是在「理念」上的改變。十幾年來，中國大陸的對內「改革」，對外「開放」，亦都是在制度上走回歐陸以及中華文化傳統，而放棄十九世紀以來的馬列共產。

這樣，「互助」和「仁愛」的實踐，就遠比「鬥爭」和「仇恨」，更符合人性，也更是人性發展的原理原則。

西洋十九世紀後半期的唯物、實證、實用、功利等思想，雖曾一度迷失在奴役和殖民有色人種，但畢竟還是覺醒在社會正義和人性尊嚴的考量上。

至於臺灣的宗教情操，「做功德」成為人們的新價值觀，更是可喜可賀的現象，這說明「互助」和「仁愛」才是人性在彼此間關係中正常發展的軌跡。而社會中的仇恨、鬥爭，是必須清除的。寄望哲學工作者，在這思想的基礎上，都能作為先知先覺者，一起來「正本」，一起來「清源」。

是為序。

鄔昆如於臺大學人宿舍
民國九十二年二月十日

原序

從民國六十五年八月起，一直到六十六年七月，恰好用了整整一年時間，同時佔了《哲學與文化》月刊十二期的專欄，寫下了「哲學十大問題」；起初寫作的原意一來是補充「西洋哲學十二講」的「史的發展」，以「哲學概論」的方式，把哲學最中心的一些問題，提出來探討；二來是想把自己六年來在臺大教學的心得，以濃縮的筆法寫出來，好讓社會人士，以及那些無法在課堂上參加討論的同學，對哲學這門學問有更深一層的了解。

時至今日，哲學之被誤解，至少有兩層情況：一層是以為哲學過於玄妙，使人莫測高深；另一層是站在功利的立場，說哲學是沒有用的學問。其實，哲學固然有其深奧處，但亦有其簡易的入門；哲學固然不像中愛國獎券那麼立刻有用，但其對整體人生，卻絕對有大用。當然，哲學之被誤解，大部分的責任還是在哲學工作者自身，一來是哲學家自己無法、或不願把這門學問，用深入淺出的語調或筆法，生動地表現出來；二來是那些能用生動筆法的學者，卻利用哲學來傳揚自己的邪說：前者表現在許多大部頭的哲學著作中，後者表現在像《大眾哲學》、《哲學ABC》等左派的著作中。

臺省五十年來，成立了不少哲學系、哲學研究所，教授的數目不少，拿到學位的也不少，教出來的學生更多，可是一提到哲學工具書，則真有鳳毛麟角的感慨；甚至哲學系各種必修科目，也大多依靠教授自己當年做學生時代的筆記，把它們印成書本的，亦為數甚少；更有甚者，有些老師乾脆用美國大學的用書，連中國哲學史、倫理學都用英文課本，這當然是哲學界的悲哀。

筆者在民國五十八年回國開始，就一直致力於工具書的提倡，但也只能在自己擔任的課程中實施，先後在正中和三民，出版《西洋哲學史》、《西洋哲學史話》，至於不是自己擔任的科目，當然就不便於「越界」多事；但是，在夜間部或是軍校，或者外系所講授「哲學概論」的重點，在雜誌上作專欄發表，則是學術所容許並歡迎的，筆者也就因此，把刊登了十二期的文章，收集起來，交給東大圖書公司出版，以收大眾傳播之效，以盡這一代哲學工作者之責。

是為序。

鄔昆如於西德旅次

民國六十七年五月三十日

目次

緒論

「西洋哲學十二講」，以西洋思想的歷史發展為經，以哲學思想內容為緯，用了近十五萬字的篇幅，介紹了西方文化的一面。這一面重在「線」的結構，以哲學家的出現先後，以及哲學問題的先後為重心，編織了西洋哲學「平面」的觀察。

現在，再以「點」的哲學問題的發揮，希冀開展出哲學的「體」的體認，亦即是說，這篇「哲學十大問題」專欄，設法用「問題」為中心，以「概論」的方式，寫出哲學的另一種「入門」。

如果說「西洋哲學十二講」是西洋哲學史的濃縮的話，則這「哲學十大問題」就是「哲學概論」的濃縮。當然，筆者在這「哲學概論」濃縮中，希望跳出西洋哲學的圈子，而儘量收羅中國哲學的精華進去，使其真正成為「概論」。

當然，在以點、線、面、體的譬喻中來談哲學之外，同時還要正面地談及哲學的「體」和「用」的問題。原來，哲學的入門，我們都知道是「知識論」；它可以由邏輯的公式和法則的門口進去，它也可以用「類比」的方法，從感官的觀察，而走進思維的領域。

「知識論」一方面闡明著人性的「學習」天分，另一方面則指出人類的「創造」潛能。「學習」天分已經展示了人類生活在世界上的「仰觀」和「俯察」的事實，「創造」

潛能則在人的組織能力中，表現了其「工匠人」以及其「智慧人」的地位。

「工匠人」能夠在「仰觀俯察」中，從大自然的現象，利用自然世界的變化法則，利用自然世界內的原料，製造一些工具，來代替手的操作，以「人文世界」的創造，來美化「自然世界」的原始。

「智慧人」能夠透過「人文」與「自然」的比較，而用「類比」的思考法則，奠定道德規範，從而找出為人處世之道；使人類生存在世界上，頭要頂天，腳要立地，而成為「萬物之靈」；更在倫理、藝術、宗教的精神生活中，使自己超凡入聖，度一個幸福康樂的生活。亦即是說，人性在生活的體驗中，總會由自身的自覺，而知道並追求「頭要頂天，腳要立地，中間良心要光明磊落」的生活理想。

人類就因為「工匠人」的事實，把握了世界的資源，而在物質生活的層次上，使蠻荒的世界，變成了「文明」的國度。但是，人類同時由於「智慧人」的榮銜，卻能夠使自己超脫自己，固然一方面承認自己「生存在世界上」，但另一方面卻能夠使自己「不屬於這個世界」，而超脫世界的各種束縛。「生存在世界上，卻不屬於世界」的理想，是人性藉以創造真、善、美、聖的最後基礎。

在人類一開始發覺自己生存在世界上時，就知道佔有世界上的東西，無論是生活必需品也好，無論是屬於生活娛樂也好，甚至，如〈創世記〉所寓言的，當亞當睡醒，發現一位女子在自己身旁時，就要用「我的骨，我的肉」的語言來佔有她。

佔有世界上的東西，佔有世界，使自己的生活，因為擁有世界與能控制世界，而過得更豐富、更幸福。

要「擁有」世界，而進而「控制」世界，就必須先認識世界。「認識」世界的意義就在於：幫助人的選擇能力，在五花八門的世界事物中，選擇那些富有更高「價值」的東西。對世界的認識，因此就不但把握物理，而設法控制和擁有事物，而且更主要的，是能夠分辨先後，分辨價值的高低；知道什麼東西值得花時間和努力去追求，什麼東西不值得追求。

「控制」世界很顯然的，就是人文世界的建立；人類發現了「下雨」的原理，於是住在山洞中，或築起房屋來避雨；人類曉得了「馬」的性格，於是馴了牠來代步；人類知道「狗」的忠誠，於是養牠來作伴侶。

可是，在這些「控制」世界的各種事件中，都決定於人類對「價值」的選擇；在上古時代，人類就會用自己有多的產品，去換取自己所需要的東西；其後發展的整個商業貿易社會，都是「價值」體系所催生。

在價值體系的建立中，透過知識的探討，而決定行止，決定選擇行為；「價值批判」因而成了人類行為的準則。從這準則出發，人類不但「知道」真、假、對、錯，而且「知道」行、止；甚至知道自己「為什麼」有這種行止。這就是人性在生活中，能知道「意義的建立」，以及「價值的評估」。

把真假對錯、是非善惡，以及行止的學問，編成體系，就成了哲學一門學問。哲學的誕生，就指證出人類高於禽獸的事實；「真、假、對、錯」是人性知識的判斷能力，「是、非、善、惡」是人性良知的認識對象，「行、止」指出一個人，在知識之中，如何利用良知去抉擇行為。人之所以為人，就是能崇尚真理，能行善避惡。

在「人為萬物之靈」的事實奠定了之後，人性就漸漸地以靈性為基礎，向著完美發展，而在知識的真及倫理的善之上，發展了藝術的美，與宗教的神聖。真、善、美、聖的追求，因而成為人文世界的特性。人性就因為能在真、善、美、聖的生活中，步步上升，止於至善，而抵達神性的領域。

人性在這裡，就已超越並實現了「性」，而進入「人格」的階段。「天命之謂性，率性之謂道」的意義就在這裡。

人類與生存環境的關係，以及自身完美的設計，已經有了很長的歷史，就從有史冊記載以來，亦有二千多年。就在這二千多年的「史的發展」中，我們可窺見各種問題以及針對這些問題所提出的解決方法的嘗試，以及這些努力的成敗得失，尤其是各種解決方法的興衰。在本「哲學十大問題」的探討中，就順著問題的重要性，配合著「史的發展」先後，模擬出十個重點；從這些「點」出發，希望能規劃出「用一切去衡量一切」的大圓圈。數學上的定律「圓周無限大時，則圓內的任何一點，都可作圓心」。同樣，筆者在這專欄中，亦希望能夠透過這十「點」，去畫整個哲學的圓。

首先要直接談及「哲學」的問題，要設法解釋什麼是哲學，哲學的內涵是什麼，什麼方法可使人走進哲學的殿堂，以及提及哲學在當代的危機，以及其可能化解之道。

哲學是「人」的哲學，哲學的一切問題也都是「人」的問題；沒有「人」就不可能有「哲學」。因此，在第二篇就特別探討「人」的課題。「人」的「生從何來」，「應做何事」，「死歸何處」三大問題，都是人人必須了解的問題，也是無人能夠倖免的問題。

這個身為萬物之靈的「人」，在其智慧的能力和極限的自覺中，不但能把自然世界，以人定勝天的尊榮，改造美化成人文世界，而且，能夠把握自己，提升自己，使自己因了知識和道德、藝術和宗教，而超凡入聖。人性的長成，無論其為進化或創造，又無論其為機械或目的，都不在乎其過去，更不停留在過去的境地，而是要用過去的經驗，為未來開拓出一條康莊大道；同時，也不但自己完美自身，做到獨善其身的君子，而更要注意到自己的社會性，在與人交往的社會生活中，樹立各種美德，而能做到兼善天下的聖人。

君子和聖人，就是人性在塵世生活中的最高理想；在這理想中，人性不但會與自然世界交合，達到「天地與我並生，萬物與我為一」的境界，而且亦能走進宗教的神祕體驗中，「與造物者遊」。

第三篇要專門談「思想」的問題，是為哲學思辨之基礎。在這裡，我們要討論思想的形式和方法，尤其探討在各種哲學方法之中，「方法學」本身之重要；但是，同時我們亦要指出，方法只是為達到目的的手段，不是為方法而方法。就如椎子是為釘東西之用，其本身不是目的；思想的層次亦如此，它是為真、善、美、聖而存在的。思想可以用「知」、「行」、「信」、「感」各方面去探討。

第四篇論及「存在」，是為哲學的客體和對象；指出在自然世界中的東西，與人文社會中的物質文明的創造物的根本區分。

就在論及「存在」時，發展了「本體論」，以及「形上學」的根本架構。在形上學的探討中，走進了哲學的「體」之中，而開始探討存在的各種特性：真、善、美、聖。

在第五篇到第八篇四篇中，依次論及科學、倫理、藝術、宗教。

客觀的「真」由哲學入門的「科學方法」開始，其所要解答的問題是「如何」，其答案是要靠觀察、分析、歸納所得出來的客觀事實。它要由「言之有物」的原則出發，在實驗室中找到答案。在純思考的規則中，邏輯的探討，從概念的把握，經判斷的構成，到推理的法則，把具體的日常生活中接觸到的「真」，超度到理念的絕對的「真理」的認定和信念。

「真」的事實，以及「真」的理想，都無法滿足人性，因為它雖似陽光，燭照一切，但仍似北極地區的光，無法散發熱量；人性在這方面，還要更上一層樓，它不但要在科學的「真」的體認中，對一切「已定事實」有所把握為滿足，而更要在倫理道德的層次中，安身立命；在「光」之中加上「熱」，在平實的生命中加上情感。它不再問「事實如何」，它要問「應該如何」以及「希望如何」。在倫理道德的層次中，人性已不再全部關心把握外界事物，也不單著重外界客觀的真理；它要提升自己的存在，依照自己主觀的願望，使自己變成「君子」和「聖人」。

「希望如何」以及「應該如何」的理想，固然超越了「事實如何」的現實，但是，在倫理道德之上的境界，卻是藝術的「美」，它不但超越了真假對錯，而且亦超越了是非善惡；如果說「真」是屬於「知」的層次，「善」是「行」的對象，則「美」是「感」的客體。

從人的美「感」再往上提升，就是「信仰」的層次，在這層次中，人性因為擁有宗教情操，而能超度自己，達到「神聖」的境界。這種提升的外在組織就是宗教。在宗教情操中，人性能超越時間與空間的束縛，安息在永恆和無限之中。

「無限」與「永恆」的保證，就涉及到「神」的問題，也就是本專欄中第九篇的主題。「神」的存在模式以及其存在的特性，是本篇中主要的討論對象。正如西洋存在主義始祖祁克果所強調的，上帝不是認識的對象，而是崇拜的對象。在以崇拜的對象認知中，神的存在階層，顯然的就不同於其他的存在模式。

但是，西方的神，也只是在人中心的探討中的最終出路，在無神的自然宗教內，神的問題，根本就是宗教情操的問題，中國「仁」的境界的「止於至善」，佛學的完美境界的「涅槃」，都在指出人性超度自身後的一種宗教境界。

當然，在形而上的本體論以及宇宙論中，猶如活在雲層裡，享受著超脫一切俗念的精神生活，不但到達了「天地與我並生，萬物與我為一」的境界，而且能夠「與造物者遊」；可是，也就在於「道通為一」的理論之後，仍然應該用「用則因是」的原理原則，把人性的現實面，落實到塵世上來。

這就是人性對「社會」關係的肯定。

在「人是合群的動物」以及「人是政治的動物」的體認中，建立著人與人之間的人際關係。若說自然科學是專門研究人與物的關係，而宗教科學則提出人與神之間的關係，則在社會生活中，人際關係就變成探討的中心。

由於人與人之間的關係，社會便由之建立：從最簡單的家庭到氏族，到民族，甚至到鄉村、城市、國家，都在指出人與人之間的理想關係；把這理想的關係編成體系，然後再使它落實，就是本書第十篇的主題。

社會的基礎是人，社會建立的目的也是為了人，社會中的各項建設，因而亦應以人性為準。人性的尊嚴和價值，永遠是社會建設的最終依據。

本書討論十個哲學問題，作者對每一個問題的處理方法，在形式上，都分成三段，就是「史的發展」、「內在涵義」及「當代意義」。

「史的發展」的學理基礎是：站在問題之外，去看問題的提出的前因後果，以及其在人類歷史中所有答案的嘗試。在「史的發展」中，我們要看看人類自有歷史以來，如何發現了這問題，又如何自覺到這問題與自身的密切關係；然後再指出各家各派，對這問題所提出來的解答之道。「史的發展」告訴我們，前人在思想上給我們留下來的成果，「史的發展」展示出前人在處世上的智慧，以及做人的規範，尤其指證出，哪些富饒的生命情調，可供後人參考的價值。

「內在涵義」是針對問題核心，提出各種分析和綜合，透視問題的本質。這就是走進問題核心去觀察問題，儘量站在客觀的立場，把握問題與人性的密切關係。站在問題之中去看問題，至少有一個好處，那就是不會再犯無的放矢的毛病，並且，在觀察了問題的核心之後，對自己本身的問題，也會加深了解，而加強自身超越的可能性。

「當代意義」指出，這種哲學問題並未老去，由於它發自人性，只要人性的發展定義不變，它就永遠不變。當然，它的表現方式可能改變，甚至，在當代社會快速進步中，它的方式與答案亦應該改變，但是，它的意義和價值則仍然存在。在「當代意義」中，我們要用新的方式去了解它，用新的方法去研究它，同時，用新的方式去表現它。這種方法是：走出「內在涵義」的形而上探討，而落實到具體生活的層次中。

至於在內容上，處理每個問題的方法，雖然設法綜合中、西、印三大思想主流的成果，但是，這種綜合的方式，筆者卻以為最好取長補短；而且，在每一個主題上，特別注意最有成就的思想方式。就如在科學方法的探討中，設法以西方的邏輯法則為主，以中、印的默觀和直觀方法輔之；在倫理道德的問題上，當然以中國的倫理規範為中心，而以西洋的分析和宗教教義為次；在藝術的課題上，因為中、西、印都各有千秋，每一種民族都有特殊的貢獻，因而，用比較的方式，展示出各家各派的精華，似乎比較合理和中肯；在宗教情操以及宗教制度的探討中，亦復相同，同時兼顧到自然宗教與啟示宗教的種種。總之，在比較中求其突出，在突出中輔以比較。

在「哲學十大問題」中，各位讀者所可期待的，就是哲學所討論的諸種問題，在人類智慧的指引下，如何變成從學理上走向實踐的領域。哲學是「我的」哲學，哲學工作也是「我的」哲學工作，所得到的哲學境界也是「我的」哲學境界。在哲學的探討中，讀者必須有一種自我意識，自覺到「我」與「哲學」的關係；縱使在形而上的極抽象的探討中，自我的「自覺」似乎有了遜色，但是，其基礎仍然是穩固的，其「落實性」仍然是可靠的。

哲學將使人從理論落實到現實來，哲學也能使非常現實的人擁有自己的理想。在理想與現實之間，在現實和理想之間，哲學開闢著一條康莊大道，使人類能從此世，過渡到彼岸，同時，亦能把「從彼岸來的信息」，帶到塵世上來。

願哲學十大問題，成為黑夜中的點點繁星；而每顆星都是一條光的路線，從此世引向彼岸，從時間走向永恆，從空間走向無限。

第一講 哲學

◎緒論

「哲學」一名原由日人西周，從西洋的 Philo-sophia 翻譯而來。Philo-sophia 源自希臘文二字構成，一是 Philo，意謂「愛」，一是 sophia，意即「智慧」；於是，在字義上，「愛智」就是哲學，哲學就是愛慕智慧的學問。

西洋哲學的起源，先從希臘殖民時代的海島開始。古希臘人，最先問及宇宙的問題，後來探討人生的問題。在討論宇宙問題中，有哲學之父泰勒士（Thales, Ca. 624–546 B.C.）開始，用仰觀俯察的直接感受，以為富有神祕力量的「水」是宇宙之太始；繼之，就有一些學者順此路線，一面考據世界之來源，一面探討宇宙生成變化的原因；在討論人生問題中，直接用人生的感受，以及深思冥想，問及人的生老病死諸課題。及至希臘哲學興盛時代，連結了宇宙和人生問題，而提出如何把人生安置在宇宙之中的課題。因為哲學要包括整個的宇宙問題和整個的人生問題，因而有人提出，哲學就是「用一切去衡量一切」。

「一切」在主觀的感受上，包含了知、情、意、感，在客觀評價上，涵蓋了真、善、美、聖。「用一切去衡量一切」的意義就在於，以整體人性的能力，去研究整體的宇宙問題和整體的人生問題。

就在人生的感受中，人類固然自覺到自己的能力，能夠認識宇宙，能夠認識人生；但是，在另一方面，人性在自覺過程中，總會發現自己的極限，知道自己不能做的事，比自己能做的事更多；就在這種情形之下，出現了與理知對立的啟示，此即是哲學與神學之分野：前者由人的理知去把握自身的知、情、意、感；去把握客體的真、善、美、聖；後者則靠信仰，去相信自身理知所達不到的領域。

西洋哲學與神學的分野問題，曾一度成為西洋學術界的盛事。神學的哲學特性，在於人性的自我超越，著重精神生活的價值批判，而用時間去換取永恆。

在西洋，集合了神學和哲學的學問，對宇宙的起源、生成變化，以及目的，都有很精細的討論；對人生的前世、今生、來世也都有論述。站在宇宙起源的立場，奠定了各種人生觀和宇宙觀。站在人生來世問題的立場，奠定了人文世界一切制度的基礎。

「人」的整體意義，也就在於能在宇宙中安身立命，把握住自己的前世、今生、來世；在時間中把握永恆，在空間中把握無限。

西方人性的陶冶，以宗教情操的修鍊為最高，從希臘羅馬時代的人性論開始，一直到基督宗教的長期發展，達到了修身的最高峰。

西方科學的高度發展，從瓦特的發明蒸汽機開始，人類把握世界資源的能力，一日千里；於是在哲學的課題上，從人性論走向了宇宙論的重心；精神生活的主題轉移到了物質生活的層次；科學的哲學於是應運而生。

科學的哲學採取了實驗、分析、調查等具體的方法，來討論宇宙和人生的問題。科學哲學的特性，在於人性對物質的把握，著重物質生活的提倡，主張價值中立，而把永恆的價值，消融到時間中。

人文社會的完美，在於人性精神生活和物質生活互相調和；而且，使人性役物，不役於物。亦即是說，在人文社會中，一切都以「人」為中心，不是以「物」為中心；對「物」的研究，以為「物」只為「人」而用，不是拿對物研究的成果來界定人。

哲學要解決「人」的問題，不是把人當作「問題」來討論。

「人」的問題，就是主觀上的知、情、意、感，就是客觀上的真、善、美、聖。

在中國的哲學課題，起自先秦諸子之前，而且開始的時候，特別以人性為中心，問題的重心在於「人」，具體方面論及人性的各種行為，抽象方面論及人性以及各種倫理規範。

以「人」為中心的哲學，首在倫理學的建立和推廣；倫理哲學著重「修身」，一切都以修身為本；從以倫理為基礎的哲學發展中，建立社會政治理想，那就是從修身到齊家，到治國，到平天下；而以世界大同的理想，為整個世界和人類，提供人生的意義體認，以及價值的評估。

這種以倫理道德為中心的人生觀，特別看出了「今生」的生命；哲學的進一步，就是走進宗教情操之後，把今生的時間，伸展到前世及來世，以「涅槃」的結果，給予「修身」動機的最終基礎。

若說先秦哲學的重心在於人生問題，注重理知、情意的完美，而佛學的重心固然亦全在人生問題上，但是所著重的，已不是理知和情意，而是屬於信仰的層次；對前世以及來世問題，佛學提出了答案；而在先秦傳統中，是存而不論的。

宇宙論的問題，在二種哲學的範疇中，亦都沒有直接的討論。

在中國，宇宙問題的探討，在古代及中古時代不是沒有，而是沒有像西洋那樣的開展；《易經》中所蘊含的整體宇宙觀，先秦只獲取了其中的人生寶藏，其宇宙論部分，要到宋明理學時代，才開始編成體系，而把人生安置在宇宙之中，指出人性頂天立地之本能及習性。

哲學成為探討整體宇宙和整體人生的問題，在中國哲學中，要在其整個歷史演變中去看。如用西洋的定義方式，在中國哲學中不易找到。

若說西洋哲學的特性，在於「清晰明瞭」的邏輯系統，則中國哲學的特性就在於「境界」的探求。西洋學哲學的人，總用不著去背誦柏拉圖的《對話錄》，而只要讀懂了，明瞭了其說理的情形，也就足夠。但是，中國的哲學家，則一定要把《論語》和《道德經》背熟，用「時習之」的方式，慢慢地體會其境界。

現在，我們就分三方面去討論「哲學」：史的發展、內在涵義，以及當代意義。

第一部分　史的發展

哲學史的研究，無論中西，都有相當長足的進步；尤其是西洋，更把哲學史列為專門科目之一。

「史的發展」是站在哲學之外，以歷史的眼光，看哲學的發展。從人類對哲學問題的發現開始，經過針對問題的各種解答嘗試；同時，更在各種解答中，發現新的問題，繼之嘗試提出新的答案。

人類的歷史，無論站在哪一個角度去看，都是在設法使自己的生活超乎獸性的生活，使人成為「萬物之靈」，而以真、善、美、聖的理想，度一個「人性」的生活，從人性發展到「人格」的養成，繼而使人「神性化」，亦即是到達天人合一的境界，「與造物者遊」的生活情調，「天地與我並生，萬物與我為一」的感受。

中西哲學，在史的發展上，因為文化起源的不同，故從「人性超乎物性」的努力中，亦有不同的問題的提出，與相異的答案的嘗試。

我們把中、西哲學「史的發展」，分開來討論：

第一章　中國哲學史的發展

㈠中華民族的發源和發展，很可能是在大平原上；其開始時很快就進入了農耕社會，則可以非常肯定。大平原的民族心胸所陶冶出來的人格，在人與人之間是「仁愛」，在人與環境之間是「和諧」。於是，從這種以仁愛與和諧的人生觀所孕育出來的哲學思想，就構成了先秦的二大主流，一是儒家的倫理道德規範的建立與推廣，是為著重人與人之間的人際關係的確立；一是道家生活情調的提倡與實踐，是為著重人與自然環境之間的關係。於是，中國哲學在一開始時，無論導引自《易經》，又無論導引自其他的經典，都在指出人生觀的確立：對人仁愛，對物順應。

由這種人生觀導引出來的哲學，在宇宙論上是圓融，在人性論上是和諧。由於圓融與和諧的看法，導引出政治性的一切作為，由家庭的敦親睦鄰，到和平共處的國際關係，沒有殖民地，沒有奴隸制度。

因為宇宙論的圓融，因而對自然科學徹底破壞環境的設計，沒有興趣；等到佛學傳入中國後，這種思想更受到了肯定與支持，因為人性論的和諧，西方式的「或此或彼」的邏輯，固然曾經有過，但畢竟無法發展。

先秦哲學的重心，無論對物對人，都在於「自我」的肯定和追尋，這肯定並不否定宇宙的真實性，這追尋原就在與自然合一之中的自覺；儒家與道家的相互補足，形成中國哲學在開始時，對宇宙問題以及對人生問題，都把自身的存在消融在內。儒家用積極的概念表現，以「修身」作為存在以及發展的根本；道家用消極的概念形容存在的本質，用「無為」來使宇宙和人生合一。

㈡由於先秦哲學對人對自然的興趣，而主張在時空之中，活一個和諧的生活；但是，在另一方面，這種時空的限制，卻又不能滿足人心；於是，哲學在理論上的發展，又不得不設法衝破時間，進入永恆，衝破空間，走向無限，這就是秦漢以及秦漢之後的畫符煉丹的事實。

正如埃及的金字塔和木乃伊一般，誤認今生的物質，以及肉眼看得見的東西為真實，而忽略了精神的永恆性以及無限發展的可能性。

從形而上的考察，尋獲倫理規範的道途，原是先秦諸子的哲學途徑；秦漢之後的畫符煉丹，把形而上的問題，用形而下的方式去解決；哲學在中國的發展，到了秦漢，正如西洋哲學的發展，到了羅馬時代一般，屬於沒落的階段。何晏與王弼的努力，並沒有能夠拯救這種危機。

㈢佛學的輸入與發展：在先秦「人性」的探討中，固然一切都以「修身」為本，但是，從修身直接導引出來的社會生活基礎，卻是「齊家」。「家」的文化型態，遂成為今後中國文化中，永不磨滅的社會類型。

佛教東來中土之後，很奇怪的現象是：「出家」才是修成的捷徑，而「家」庭制度似乎應該對這外來的宗教，興起一種強烈的排拒作用。但是，事實卻適得其反。這箇中原因當然不是「家」文化在某一方面，作了讓步的工作，而是當畫符煉丹的風氣，斷送了先秦諸哲的苦心造詣。在人性的探討上，佛學能以時間的三分法：前世、今生、來世，解釋了人性生、老、病、死諸現象，把善惡的因緣，用時間的永恆性來超度；用「輪迴」的教義，給予行善避惡的倫理規範，一種根本的動機。無論在人生的各種逆境中，或是在與自然的交往中，在佛學的指引下，人類都能心安理得；在「涅槃」的未來天國預許下，色相界的一切引誘，都可迎刃而解；精神是可以超脫物質，而單獨存在的。

就在道家的異端出現在煉丹的迷夢中時，「順自然」的真諦竟又在外來的佛學中出現；無論「心齋」或「坐忘」，都可由「涅槃」概念所涵攝。

當小乘的「棄俗」而躍升到大乘的「入世」，佛學的發展於是乎走向了高峰。這種集大成的思想，不能不說明中國哲學消融外來思想的先天能力。

中國文化的發展，集合並消融了印度的佛學之後，就從倫理規範，走向了宗教信仰的領域。

(四)宋明理學：正如西洋文藝復興中的民族意識的抬頭設法跳過希伯來的宗教，而復古到希臘的人文一般，中國哲學的發展，在佛學普及到全國之後，也開始了復古的運動。

宋明諸子就是設法跳躍過外來文化的佛學，而回復到先秦儒家的固有傳統中。道家和佛家的「以靜制動」的看法和作法，多少給中國哲學帶向了「靜態」的思維型態，宋儒的最大貢獻，莫過於在靜態的宇宙和人生觀中，重新把握了《易經》的原義，發現了「動」的宇宙觀和人生觀。

《易經》的再發現、再注釋、再應用，使「生生不息」的原理和應用，重新又回到中國哲學的主流。可是，這種「動」不是機械唯物的，而是融入了佛學的精神中心說，以為宇宙之一切變化，皆源自內「心」，甚至到達「心外無物」的體驗。

如果說，先秦哲學有瑕疵的話，那便是人性論與宇宙論沒有統一起來：道家自然之說與儒家修身之道，並沒有融洽到一起。宋明哲學的長處，也就在於能夠真正地把人生安置在宇宙之中，規劃成整體的圓融的哲學體系。

在這個整體的圓融的哲學之中，透過對《易經》的體系研究，而把宇宙的動態，以人的心性作為中心，架構成一大動態的宇宙和人生。

這種以心靈為中心的宇宙觀，在根本上，與西方德國觀念論者黑格爾的「絕對精神」，有異曲同工之妙，都在說明精神與物質的關係。所不同的是：宋儒比較看重心與物共存的情形，而黑格爾則以精神超脫物質為中心課題。

㈤明末清初：在科舉制度之下所發展出來的哲學，多少不免帶有不能落實的形而上色彩。當西方的傳教士，一手拿著《聖經》，一手拿著天文儀器，東來中土，而且很得到當時朝廷的賞識之時，在宇宙觀及人生觀的看法上，中國的學者多少擴大了一些眼界。

可惜由於政治以及教義有所衝突，再加上皇帝與教皇之間的互不諒解，而中斷了中西文化交流的大好機會。

㈥清末民初：中國的閉關自守所獲得的成果，仍然停留在科舉制度之下，宇宙觀沒有受到足夠的研討，而人生觀則被染上了做官發財的欲望；於是，中國沒有發展自然科學，西洋卻在自然科學上，有長足的進步；當洋人以船堅砲利，轟開了中國關閉的大門，而迫使中國走進世界歷史的洪流中時，因為中國打不過人家，於是從自信跌進了自卑崇洋的陷阱中。

崇洋的事實所導引出來的結果，就是不但在科技上去學習西洋，而且亦在人文科學上向洋人學習。於是，平面而靜態的宇宙觀，以及競爭和鬥爭的人生觀，取代了中國傳統的德目。

西化和洋化的結果，沒有學得船堅砲利倒不是大悲哀，最悲慘的，還是對中國傳統的懷疑和否定；「打倒孔家店」的口號所帶來的，是出空了個人修養的基礎；再加上第三國際的蓄意安排，而漸漸赤化了神州。

㈦中興的覺醒：西化的機械唯物思想，尤其在人與人之間的關係，從仁愛轉變成鬥爭，從「家」的文化，一旦成為「公社」，從天賦的私有財產制度，變為「共產」；在百姓受騙之後，只有情緒的覺醒，但是，知識分子的受騙，卻興起了主義的肯定。 孫中山先生所創建的三民主義，終於在痛定思痛的情況下，發揮了思想領導作用。

西洋的精華在於科學與民主，而中國傳統的仁愛精神，還有希伯來民族的博愛創造，才是中國文化未來的發展方向。

無論站在西洋整體思想體系來看，或是中國傳統思想來看，當代哲學的唯一出路，就是以人性、人道、人道主義的立場，來探討宇宙和人生的問題。

宇宙問題，無論以創造或進化，無論以目的或機械為中心，其整體存在都是為了人，則毫無疑義。「人」生在宇宙中，成為「萬物之靈」，而頭要頂天，腳要立地。

人生問題，無論是前世，無論是今生，無論是來世，都在指出人性總要從時間走向永恆，從空間走向無限；人與人之間的關係，一定要超乎禽獸之間的關係；擯棄鬥爭，而實行仁愛，進入倫理規範之中。

科學、民主、倫理，原就是三民主義的精神。

目前，在中國大陸的共產思想，不但是中國傳統的逆流，而且亦是西洋哲學的末流；無論西洋當代思想，或是中國當代應有的思潮，都應覺醒，而以仁愛代替鬥爭，以創造代替進化，以民生代替共產。當然，在改革開放（對內改革、對外開放）的十餘年來，大陸知識分子已經覺醒，除了經濟向西方學習之外，其他文化層次亦逐漸開放，「私有制」已取代了「共產制」，「合作」亦逐漸取代了「鬥爭」。

第二章　西洋哲學史的發展

㈠希臘：西洋哲學源自希臘，而先從海島文化的捕魚、經商開始，其奧林匹克的運動，充分暴露了其「競爭」的心性；也就由於競爭的原則，發展了對自然的「佔有」；同時把這種佔有慾，推廣到人身；於是有「殖民」，有「奴隸」的宇宙觀和人生觀。

㈡羅馬：羅馬帝國的興起，宣布了雅典政權和霸業的沒落。在羅馬「人文」的探討下，用了更極端的手段和方法，去佔有世界，去奴隸殖民地的人民。

在殖民政策中，羅馬繼承了雅典的霸業，凱撒大帝的東征西討，並不亞於亞歷山大大帝。在另一方面，在佔有世界的欲望中，發展了煉金術，用物質世界的元素，代表精神享受的佔有。

雖然，在羅馬文化發展中，出現了議會政治，開創了民主之風，但是，到後來卻仍然墮入階級對立之中：羅馬公民是自由的，而奴隸則事事聽從主人的命令；甚至，發展到後來，奴隸成了「物」，可由主人任意在市場買賣。

㈢中世：西洋哲學的發展，到了羅馬時代，漸漸走向沒落，正如中國哲學在秦漢之後的沒落情形一般。若說中國哲學由外來思想的佛學侵入，而興起了另一高潮的話，則西洋也在哲學低潮中，引進了希伯來的宗教信仰。基督宗教的西進，給西洋哲學帶來了新的血輪，而開創了西洋哲學分段中，最長久的一段。

基督宗教的「仁愛」思想，給西方的殖民和奴隸制度，帶來了最大的衝擊；在上帝面前，人人平等，每一個人的靈魂都是上帝的肖像，都有永恆的價值。而耶穌基督的人而神、神而人的存在，從彼岸帶來了信息，宣示「我的國非來自此世」的真諦，因而給羅馬時代隱而未發的倫理規範，賦予了最終的動機。

〈山中寶訓〉的「貧窮的人是有福的，因為天國是他們的」，驚醒了西方人「煉金」的迷夢。

工作六天，休息一天的社會風氣，曾經給西方人性論一種特殊的尊嚴；十誡的倫理基礎，使人與人之間，奠定了「仁愛」學理。

中世採取了「上帝創造天地」的宇宙觀；並且，以宇宙存在的「目的性」，把人的「不死不滅」的靈魂，安置在上帝的永恆天國中。精神與物質的劃分，加深了希臘哲學的二元論。

㈣近代：西洋中世宗教哲學的發展，畢竟使「競爭」和「仁愛」兩種思想，成為針鋒相對的局面，一旦文藝復興運動的潮流，泛濫了歐洲之後，民族意識的覺醒，催生了民族主義，並且，這種新興的，擺脫羅馬中央集權所束縛的新興國家，早就希望跳躍過外來文化，擺脫神中心的宗教文化，而恢復到希臘早期的人文中心之中。

近代的理性主義也好，經驗主義也好，都把「人」重新孤立起來，割斷其與上天的心靈聯繫；並且，更主要的，是用數理平面的算法，代替著立體重疊的宇宙和人生。

幸好，在啟蒙運動中，至少有康德出來提倡人性的道德價值，把主體的動態歸還給思維的人類。及至由康德所開展的德國觀念論，更把整體的宇宙，劃入動態的、立體的人生觀中。

宇宙是整體的，人生也是整體的。這整體性起自邏輯的思考法則，經由動態的向善變化，而止息在「絕對精神」之中。

㈤十九世紀後半期：西洋科技發展的結果，一方面忽視了傳統的宗教信仰，另一方面催生了唯物、實證、實用、功利等哲學思想，站在「佔有」以及「競爭」的立場，重新暴露了西洋人「奴役」與「殖民」的野心。於是人與人之間的關係，又走進了不平等不自由的地步。

更有甚者，集合了唯物和進化，不但在世界上創造了共產主義，而且在違反人性的行動上，把「仁愛」忽略了，而引進來「鬥爭」的思想。

經濟決定論以及辯證唯物論，在資本主義繼工業革命之後的夾縫中，以「物」的原理，取代了「人」的意義，以「獸」的行動，解釋著「人」的行為。

黑格爾辯證法的誤解與妄用，造成了精神價值的沒落，而導致人性生活中，倫理、藝術、宗教的缺乏。

也就在西方人性精神生活，從未有過的低潮時期，世界各國也就在此時與西方有了交往，一方面學習西洋的科技，一方面亦在人文社會上，向西洋看齊。很遺憾的是：許多新興國家，或是發展中的國家，都學得了西洋的唯物、實證的思想；中國受害比任何一國都深。

㈥二十世紀：西洋二十世紀的覺醒，首在對唯物和實證的反省。法國生命哲學的出現，使物質的探討，走向了生命的階層；德國的現象學，批判了唯物論的偏差，從機械走向了意識；後來，從生命哲學和現象學的綜合研討，導引了存在主義的主流，重新在精神生活的培養上，尋找人生的意識。西洋二十世紀的哲學，在人生哲學方面，存在主義著實擔當了一段時期的領導者的任務。

在另一方面，科學哲學亦在各種科際整合的呼聲下，推出了邏輯實證論，設法以數理的形式，來研討宇宙的奧祕。宇宙的整個設計，以及人性知識論的特別探討，都由科際整合的設計，來付諸實行。

但是，無論存在主義，或是邏輯實證論，都有某部分的偏差；二十世紀在哲學上有二大笑話，一個是：專門討論個人存在、專門注重內心生活的存在主義學者沙特，竟然作了毛共的爪牙，一意在宣揚集體鬥爭。另一個笑話是，很多邏輯實證論者反對形上學，而他們所用的原則，卻都是形上學的。

目前，西洋哲學的趨勢，漸漸走向「統一」的科際整合中，一方面，有歐陸的「詮釋學」，有英美的「分析學」，二者都對「語言」有興趣；另方面，尤其是德日進著作的出版，更加強了這種傾向的可能性：氏用自身早年對哲學和神學的修養，加上畢生對地質、生物的觀察，以及考古、文化的研究，而建構成一偉大的體系。在這體系之中，包羅了機械與目的，創造與進化，今生與來世，精神和物質；包括了哲學、神學、科學；而且使這些西洋向來都以二元對立的看法，變為和諧的、統一的；把宇宙和人生合併成一統的存在。

顯然的，德日進的學說，在宇宙論上集合了西洋以及中國的精華，正如　孫中山先生的三民主義，是在人生哲學上，攝取了中、西人性論的精華一般。

世界未來哲學的方向，也許就以此二種哲學的綜合，發展宇宙問題，以及人生問題的極致：

宇宙的形成，一方面是創造，一方面是進化；宇宙的存在，一方面是物質，另方面是精神。人生的意義，則是從人性，漸漸進化到神性；而其人生過程，則是人際關係的仁愛；而且，人生不但為今生，而且亦為永恆的來世。

「人」的問題，在哲學的全面探討下，已不再斤斤計較其先世是否為猿猴，而是要站在現狀的「人性」的立場，來為自己的未來設計；而在對未來的展望中，修成「人格」，乃至於進入「神性」的境界中。

哲學史的發展，無論中、西，都環繞著「人」為中心，在所有的「宇宙化」和「人文化」的努力中，把荒蕪的自然世界，改造成文明的人文世界；把原始的人類，推進到文明的社會之中。

人類也就在自身的歷史體驗中，對知物、知人、知天的把握，來充實自己，使自己的知、行、信、感，能針對科學、倫理、藝術、宗教，而使自己超升，從凡人走向超人，從人走向神。

◎ 第二部分 內在涵義

從史的發展中，我們已略為窺見哲學的內在涵義；它可以說包涵了整個的宇宙問題，以及人生問題；但是，哲學表現的方式，因了時空的變化則不一樣，其所包涵的外延亦因時地而異；在開始的時候，根本沒有學問的分類，可以說一切學問都是哲學的內涵，像西洋的早期經典，無論是柏拉圖的《理想國》，或是亞里士多德的《物理》，甚至當時的醫術，都是哲學著作；像中國古籍的經書，甚至後來的《山海經》在內，都屬哲學典籍的範圍。這麼一來，哲學在早期，可以說是「學問的學問」。

後來，學問漸漸發展，許多特殊的學問就漸次離開哲學的母體，而獨立存在；最先獨立的學問是醫學，然後是數學、物理、政治、社會；最後，神學、心理學也漸漸脫離哲學而另起爐灶了。

現在的問題是，既然自然科學，以及大部分的人文科學，都脫離了哲學的內涵，哲學還有什麼地盆呢？哲學還能討論什麼問題呢？

在宇宙問題中，有天文學、星象學、氣象學，有地理學、海洋學、地質學，有物理學、數學；在人生問題中，有法律學、政治學、社會學，有人類學、心理學、考古學；似乎每一種問題，都有一門學問去處理，哲學還討論什麼問題？

但是，我們現在仍然要問，譬如經濟發展的各項技術，各種措施，乍看起來，似乎用不著哲學；但是，我們要問：一個人有了錢之後要怎麼用？這就不是經濟學家可能回答的問題；甚至，如果我們問：一個人為什麼要賺錢？為什麼要過一個好生活？這就更不是財經學者所涉及的問題。

因此，哲學的最終地盆，是問及「為什麼」的答案，而其他學術都在解釋「如何」的課題。

可是，在這個「為什麼」的問題之外，呈現出「一般性」的問題，如知識問題中的如何認知，人類如何運用自身的知識能力，而能知道什麼等等「根本的」問題。

當然，這種「知識論」，目前也有分家的打算，企圖用數理邏輯的公式，來解答哲學中的知識課題；但是，由於這種新興的學問，根本上反對形上學的存在，可以說是打著哲學的旗子反哲學，而縱使形成一門獨立的學問，也無法代表哲學中的知識論。

除了一般的知的問題之外，尚有「價值評估」的問題，換句話說，就是要解答「為什麼」的課題。這也就是「人生觀」的問題；一個人如何生活？一個人應該活哪一種生活模式？一個人在各種生活際遇中，應如何應變？心情好的時候要怎樣？心情不好時又應該如何？換句話說，一個人待人接物的態度建立的問題，都屬哲學的範圍。

再進一步，哲學在指導人「如何做人」的同時，「哲學」本身也就成了問題，其範圍，其內容，其意義，其歷史，其時代性等等就都屬於哲學問題，這也就是本文正在探討中的課題。

「哲學」本身是哲學問題，哲學的主體「人」也唯有用哲學才能體認，固然，目前有「人類學」的研究，可是，它並不討論人生的意義和價值，它只在人的現象中，尋求人類的各種活動情形，至於人的本體，則存而不論。哲學不但要探討「人」的本體，它還要解釋「宇宙」的本體和現象的分野。

「人」成了哲學中問題的重心，而人所創造的「哲學」思想，其所用以表達此思想的工具——語言文字，也都成了哲學的內涵；英美哲學體系，有不少已經走進了語言分析的範圍內，討論語文的邏輯結構，討論語言的內在涵義等等。

由以上所提出的種種，我們仍可肯定地說，哲學的內涵仍然沒有變，它仍然站在整體的立場，去討論宇宙問題，以及人生問題；而且是從根本上著手，謀求根本的解決之道的一門終極學問。

其實，人類在地球上已經無法知曉究竟生活了多久，但是，從有歷史的記載以來，亦有幾千年；在這幾千年的生活奮鬥中，人類一直利用自己的智慧，與環境搏鬥，從最原始的茹毛飲血，經熟食的文明，一直到今天的烹飪術，使人類成為世界上唯一熟食的存在；從穴居一直到高樓大廈；從樹葉獸皮一直到綾羅綢緞，都在說明人類在生活中的進步和發展，如何超脫了獸性的極限，而進入到文明的國度。

這些發展和進步，都是靠「哲學」的思想，作為基礎。近來，有不少人迷於科技的發展，驚嘆經濟生活的進步，而提出了許許多多的理由，說明哲學的多餘，甚至，以為哲學是大可不必要的東西，甚至以為它是一種不事生產的寄生蟲。正如哲學本身的一派——邏輯實證論的理論一般，反對形上學，可是提出的理由，都是形上學的。同樣，反對哲學存在的所有理由，其實都用了相當的頭腦，而提出了非常漂亮的哲學理論。

原因就是，人生觀的根本就是哲學的問題，而在價值批判，需要或不需要，值得或不值得的課題上，發表自己的看法，更是哲學的問題。用哲學的理論來反對哲學，本身就違反了思想的法則；本身就在為哲學辯護。

當然，提到哲學，或是哲學家，在今天看來，固然有專業或業餘的分別；但是，世界上沒有一個人不具有哲學思考。我們每天做許多事情，想許多事情，選擇許多思言行為，都是在「智慧人」的階層上著眼，都在「價值批判」的範疇內，都在使自己的生活合於哲學理想。

因此，雖然我們不能說，每一個人都是「哲學家」，但是，每個人都在做哲學思考，都在做哲學工作，卻是定而不移的事實。

就在這些探討中，我們試分成三種角度，去概括哲學的內在涵義：哲學的主體、哲學的對象、哲學的方法。

現就分別討論如下：

㈠哲學的主體：哲學的主體是「人」，而「人」的問題很複雜，他的問題所包羅的，是他與環境接觸時所發明或發現的諸種問題；他要「做人」，他不但要在物質的必需中滿足自己的生活，而且，要在理想的生活設計中滿足其娛樂的願望；亦即是說，人生不但要有豐富的物質生活，而且還要多采多姿的精神生活。

就因為人要「做人」，因而他要用種種方法，去認清並肯定自己的尊嚴和價值，去肯定自己為「萬物之靈」的權利和義務。

就在人性的自覺，開始注意到自身的存在時，其意識的深度早就知道去佔有一些東西；他天生來就擁有求生的本能。人類越原始，其本能就越大；直到智慧的發端，工具的發明開始，才漸漸由荒蠻進入文明。

「用物」以至於「役物」，一直到科技高度發展的「制物」，都在說明人類在征服世界的事工上，總是在發展和進步之中，向前邁進。

「佔有世界」、「控制世界」的欲望，從個人生活必需來說，有衣蔽體、有食果腹，就應該足夠；可是，在生活娛樂中，人心卻由於「精神」的臨在，而成了無底洞；正如西哲奧古斯丁所感受的，除非在絕對身上，人心永遠不會滿足。

基督宗教中對人性的這種追求，曾經有過這樣的警語：「縱使你獲得了普天下，但若喪失了靈魂，為你又有何益處？」

在中國古聖先賢中，亦早已發現了這種必需與娛樂的分野，而且亦盡可能在「修身」

的基層工作上，奠定了精神生活的價值。

精神生活的開始，無論中西，都得在「克己」工夫上做到「我要做什麼，就偏不做什麼」的自由境界；亦即是說，精神生活表象的最原始象徵，就是漸次超脫物質的需要。希臘古代哲人迪奧哲內斯決意度一個乞丐的貧窮生活，有一天看見一個小孩用手掬水喝，於是把自己僅有的一隻碗丟掉了。這位迪氏不但在肉體的需要上克制著自己，就是對世間的榮華富貴，也視如糞土；聽說亞歷山大大帝曾經親自去請他出山做官，而且許以一半江山和相國高位；但是，這位坐在木桶中曬太陽的哲人，卻說：請你走開一點，不要遮住了我的陽光。

在中國，莊子的想法和作法，不也就是重精神生活的寫照？

人性從精神生活開始，「慎獨」的工作做好之後，接著就在人際關係上著眼，要在修身之後「齊家」，乃至於「治國」「平天下」。但是，不幸的，也就在人性的必需之後，隨著而來的娛樂生活，不但把物質世界當作自己追求和佔有的對象，甚至把「人」也當作物；這就是奴隸和殖民的歷史；甚至，在人際關係中，父權社會或母權社會都顯示著這種學說的偏激方向。

人役物是很正常的方式，但是，人役人則忽視了人性的尊嚴和價值；用當代的術語來說，就是違反了自由與平等的原則。

在中西哲學的倫理規範中，都特別強調了人的社會性，都有大我和小我的相互關係。尤其中國哲學中的倫理思想更居世界首位，其孝道的倡導，不但指出了今生社會生活的長幼有序，而且把今生的未完關係，伸展到來世，這就是祭祖的哲學基礎。

人性從認知世界，甚至把握世界，利用世界開始，先要曉得事物存在的法則，因而問及的問題，多屬「是什麼」的客觀課題；可是，在這「是什麼」的問題之事實之上，人類卻能夠憑自己的想像，問及理想的領域，那就是「應該如何」的問題。「是什麼」指出知識的層次，「應該如何」卻表明了倫理道德的階層。於是，在人性的超升問題上，倫理在超乎著知識；一個有知識的人，可以說「佔有」了一些身外的東西；可是，一個有德行的人，卻不是「佔有」了什麼，而是使自己「成為」什麼，使自己從單純的「人性」，走向了擁有道德意識的「人格」。

當藝術的層次出現在一個人的生活中，「美」的境界就超越了「善」與「真」的階層。在「美」感的人生中，就再也不問「是」與「應該」的課題，而是超越了知識和道德，而直接問及「感受」的主觀領域。歐洲文藝復興時代大藝術家米開朗基羅，曾以裸體表現人性的赤裸，繪了一幅世界末日圖。後來，出了位只懂倫理道德，卻未領悟藝術境界的教皇，叫人給畫中所有裸像都加上衣服；這麼一來，上等美術品因而大受損壞，失去了美術的靈魂。

人性不但要在自身的超越中擺脫「知識」以及「道德」的束縛，而且還要超脫一切物質以及物質表現的現象，而進入一種不生不死的境界。這境界就是一個人超乎了「自身」的束縛，而超凡入聖。這就是宗教所追求的「涅槃」。

無論是東方的涅槃，或是西方的成聖，其實都在說明人性超脫自身的可能性。一個人也唯有在宗教情操中，才真正找到自己；因為在心靈的追求和欲望中，世間一切榮華富貴，都無法滿足它，唯有那內心的「絕對」，才能止息它的欲望。

人性的完美，也就在於安息在真、善、美、聖之中，用對知識、倫理、藝術、宗教的追求，而把自己消失於一切之中。人類在這裡，就好像變成了一滴水，滴入在海洋之中；這滴水已經消失了自身的存在，但是，它卻參與了整個海洋的存在之內。這就是西方的「神化」，這就是東方的「涅槃」。

㈡哲學的對象：從哲學主體——人的發展和進步的探討中，我們直覺到人性超升的每一階段，都與外物有關；「知識」所追求的「真」，大部分都是物質世界所能給予，至少可落實到物理世界的本質中；「倫理」所追求的「善」則發展出人際關係的指南，人與自己的「慎獨」，不但在「修己」上發展出獨善其身的效果，同時亦能在待人接物上，擁有兼善天下的雄心；「藝術」更在「美」的創造與鑑賞上，發明了模仿世界的各種精心傑作；這種「美」的表現，可以涵蓋著倫理教育的意味，亦可以在教堂的建築上一展才華，用物質來表現心靈的意境。宗教中的建築，在在都展示著人的心靈，與上天交往的願望以及希望。甚至，更能在音樂的符節上，唱出嚮往彼岸榮耀的心境。

因此，很顯然的，哲學的對象就是宇宙和人生，而且是整體的宇宙和整體的人生。人性從一開始自覺起，就曉得在宇宙之中談人生，把人生安置在宇宙之中；亦即是回答「人生在世，如何安身立命」的問題。

人生在宇宙中，利用自己天生的才華，開始利用宇宙，開始利用自身的生存環境，來突破時空的束縛，追求在人生背後所隱祕著的永恆以及無限。

就在這種突破時空的嘗試中，人性很快就會意識到自身亦屬於時空的範疇；因而，科技的階段就轉換成倫理道德的階層；人性要超越自己，要突破自身。

中西哲學，儘管許多方法不同，結論總是一個，那就是除了超越外在世界之外，還要超越自己。

由於中西哲學方法不同，因而對已經超越了自身的「完人」的結局稱呼亦不相同。

東方比較保守，比較內向的哲學，以否定的「涅槃」以及「無為」來提升人性到天人合一的境界；而西方的競爭心性，則以肯定的「天國」和「存在」來形容神人合一的奧祕。自然，無論是以「涅槃」的方式，或是以「天國」的方式來表達人性的最終歸宿，其目的都在於指出整體的人的「來世」境界。

究竟為什麼東西哲學家，都同時認為超脫時空，以及突破時空中諸事物才是「完人」，則似乎應歸結於「人性」的基本需求。猶如花朵之向著陽光，人性亦向著永恆和無限開放。

站在這永恆形相下去探討各種事物時，整體宇宙和人生都已成為不可分的整體；而在這不可分的整體中，無論詢及哪一個問題，都會牽動到其他問題，真可謂牽一髮而動全身。

哲學的對象因而是整體不可分的，針對每一小問題，都要站在永恆形相之下去考察、去探討、去透視。也就因此，我們才曉得為什麼，真正的哲學無法接受自然科學的歸納法或實驗法，來討論哲學問題。哲學方法中，無論承繼哪一種特殊科學的方法，都無法把握整體的意義；換句話說，都無法達到哲學的境界；甚至，無法走進哲學的殿堂。

在這種考察下，哲學好比一個生命體，「生命體」不是由部分構成，而是反過來，是整體「生」出了部分。同樣，哲學與各種哲學問題間的關係也如此：哲學的整體，不是由許多許多的哲學問題所構成；而是反過來，在哲學的立場上，站在永恆形相之下，哲學本身催生了哲學問題。

在整體的宇宙問題上，要討論宇宙的生成、變化問題。在宇宙生成問題中，其可能的創造或進化，宇宙從大到小，或從小到大的存在，是否應由第一因的上帝來創造？抑或是由物質的永恆性，漸漸進化而來，直至今日的情況？在宇宙變化問題中，一切事物的發展，尤其人類社會生活的進步，是有智慧的安排和設計？抑或是唯物機械的、無目的的運轉？

當然，生成和變化的兩種問題的答案，首要的思想基礎是在於，是否承認人性宗教情操的價值，以及有無最終存在本身的上帝而定。如果上帝存在，則宇宙生成問題就在預設的創造學說中，得到答案；如果沒有上帝，則物質宇宙的變化，顯然的就屬於機械的。哲學的困難，因而也就在於：承認宗教情操價值的學者，不一定舉得出上帝存在的證明；而反過來，唯物論者雖然在情緒上反對宗教，但是卻難於提出物質的永恆性論證，更無法解釋人文世界的一切設計。

還有就是人生問題，哲學上所當探討的是整體的人生，其範圍不但包涵了從出生到死亡的此世生命，而更從生之前延伸，探討前世的生命狀況；而亦從死之後延伸討論死亡之後的來世問題。亦就是說，哲學在研討人生時，總要顧及到生從何來、應做何事、死歸何處的問題。

哲學不但要兼顧到整體人生的這三大問題，而且還要顧及宇宙二大問題的答案。在人生問題中，若只顧今生，不知道有前世，不相信有來世，則其生命的意義，必然會走向實用、功利、自私，而終於不敢面對死亡，不敢承認宇宙中上帝的存在，因而亦會假借機械科學，而說出宇宙的機械性，與非創造性。

由此可知，個人人生觀的建立雖多少都會受到客觀學說的影響，但是，其整體的聯貫卻是最主要的。常見一些沒有受過哲學訓練的人，滿口仁義道德，但是仍自稱為唯物論，仍然自稱為進化論的信徒。同樣，亦有不少人自稱是宗教虔誠信徒，但是追求功名利祿並不後於任何俗人。這些現象不但令人費解，而且事實上是沒有哲學基礎的考究。

㈢哲學的方法：做哲學工作，無論是專業性的，或是一般性的，都要用上「類比」。「類比」的方法很簡單，就是在日常生活中所接觸到的現象，經過理智的綜合分析之後，獲得一般性的原理原則，然後以這些原則作為宇宙論的根本，而把人生安置在其中。最切實際的一個比方就是：如果像達爾文或赫胥黎一般，在熱帶地方考察生物界的生存競爭情形，而發覺到「弱肉強食」、「物競天擇」的事實；然後就用「類比」的方法，以為整個生物界都在「競爭」。後來馬克斯更在人文社會中，觀察了工業革命後的勞資問題，而以為人類的歷史更甚於禽獸世界，而從競爭走向了「鬥爭」；共產主義的鬥爭人生觀就此確立。當然，在這裡，哲學的正統「類比」方法，應該看清全局，我們要問達爾文和赫胥黎，是否真的整個生物界都在「優勝劣敗」的原則下生存？譬如克魯包特金就在中國東北一帶，發現許多生物，完全要靠「合作」才能繼續生存下去：就是我們在日常生活中，亦可發現許多事情，並不單靠「競爭」，就如老虎，當牠肚子餓時，自然有權利去撕殺一隻山羊；但是，當牠在家時，不也對小老虎愛撫有加？古人曾發現「虎毒不食子」的事實，並且還有諸如此類的，像「羊有跪乳之恩」等原則，都在闡明：生物界除了「競爭」之外，尚有「互助」，除了「恨」之外還有「愛」。現在，用於人文社會中的「類比」方法的運用問題，就是在於：是否承認人為萬物之靈？人性是否高於獸性？人際關係是否應高於獸際關係？如果母老虎都知道愛護小老虎，如果小烏鴉都曉得反哺老烏鴉，難道兒子還要去鬥爭老子？父親要出賣兒子？

在哲學的研究方法中，最好的方法之一是「比較」；我們可在知識的獲得中，找出許多不同的觀點，不同的看法，不同的結論；讀哲學的人，就可以綜合這些觀點、看法、結論，拿來與自身的體驗作一比較，看看是否與自身的感受相符合，看看是否在說理上講得通，看看這種作法是否對得起別人；亦即是說，用情、理、法去衡量一種學說；若都能符合，則可作為自身的哲學，否則就擯棄之於門外。

對選擇人生觀的問題，如上述的「類比」方法，相當合用；但是，在人生觀的運用上，個人所付出的情意，卻不盡相同，就如對一位朋友和對一盆花，當然就有不同的態度。因而，在主觀的情操上，知、行、信、感，就成了哲學方法上所應用的行為。一般而論，知是針對真理而言，行則指出倫理道德的規範，信是在宗教信仰的層次中，對彼岸來的信息的回答，感則是生命情調的陶冶。

無論知、行、信、感之中哪一種方法，其實都涉及到哲學主體的「是」與「有」的問題；同時也涉及到「佔有」與「施予」的課題。一般說來，「知」是佔有，而「愛」是施予。「知」的整體設計，都在於把所知的對象化成概念，而使之變成主觀意念，使客體消失在主體裡；我看見任何一張桌子，都要使桌子變成「我的」知識。相反，「愛」與「感」的層次卻使主體本身，改變自己原有的情況，而使自己遷就所愛的客體；諸如高尚、卓越等情操，都令人羨慕，令人效法。

「施比受有福」的生命感受，也是人性在完美自身中，向前邁進了一步的明證。

生命感受的階層，絕不是科技或一般科學方法、實驗方法所可抵達的，它有著東方哲學的特色，需要長時間的心性陶冶，以及長時間的修鍊；正如我們讀《論語》一般，幼時背誦下來的，必須等到許許多多的生命經驗之後，才能發覺其中真諦。

因為哲學是「我」的哲學，是我「生命」的一部分，它有理論的支持，但理論只是表達的方法；作為專業的哲學工作者，西洋的清晰明瞭的哲學方法固然重要，但是，要達到一種哲學境界，就需要中國哲學的體驗與直觀方法。「知」的哲學與「行」的哲學的分野，就在這個地方。

一個理想的設計應當是：哲學專業者，有時當從形而上的雲層中下來，使自己的哲學理想落實到日常生活之中；而一般普通的人，卻應在自己日常生活的體驗中，找出生命的哲理，而給自己的實際生活賦予一種哲學基礎。果真如此，哲學才有恢復其應有地位的可能可言。

◎第三部分　當代意義

在本文第二部分中，我們談了許多哲學問題，但是，「哲學」本身成為問題的，還是在當代才熱門。本來，在中世時期，當希伯來的信仰傳到羅馬帝國時，神學與哲學間的分野，曾一度在學術界升起了爭辯之風；及至中世哲學衰落期的十一世紀，數理公式想吞沒哲學，便有「哲學乃神學之婢」的說法。時至今日，哲學更是遭遇到最根本的困難，那就是：

「哲學」是否有存在的價值？

奇怪的是，哲學存廢問題的本身，也是一個哲學問題。因為，儘管反對哲學的人，或是瞧不起哲學的人，無論提出如何有理的理論來反對哲學的存在，其理論本身必然是哲學性的。

在一個擁有古老傳統的文化國度裡，在其開始步入發展工業的前期，總是屬於「實用主義」的；人們在這段時間中，無法兼顧到抽象理想對未來的重要性，而把全部精力都投注在功利的事工上；於是最先想到：哲學家不事生產，只是社會上的寄生蟲，因為他們的設計，多屬無法直接從事經濟活動。

這是過渡時期必然的現象，思想家在這種動盪中，才真正有機會關起門來念書，為社會為人類的未來，做更踏實更有效的計畫。

用哲學理論去反對哲學的存在，總是時代夾縫中的產品。這種責難可以是「不懂哲學」，也可以是哲學家本身表現得不好所致。不懂哲學或是誤解哲學的人，本身就可能屬於功利主義或實用主義一派，或是在人生觀上，採取現實主義的立場。哲學家表現受人誤解的地方，多半是由於講得太抽象，與聽眾的生活脫節了所致。

除了「哲學」本身存廢的根本問題之外，哲學在當代尚有下列五個問題，亟需解決：

㈠宇宙起源問題：西洋十九世紀後半期的思想：唯物、實證、實用、功利，偕同著自然科學，獨霸了整個世界之後，科學的研究大有取代哲學之勢：西方對宇宙起源問題，開始重新檢討「從無生有」的根本創造，而以近因以及不根本的「進化」學說來解釋。「人是猿猴變的」的說法，以為就答覆了人的起源問題；至於猿猴怎麼來的，以及物質的最終起源，就以為是無關緊要的問題。

哲學並不是把「猿猴怎樣變成人」，作為問題的重心，而是問及「為什麼存在？」問及「為什麼會進化？」

宇宙起源以及人的起源問題，也許可以從「末日」，即是說，把「生」和「滅」兩種現象，拉到一起來討論，更能發現答案的必需性。

如果人生是「走向死亡」的存在，那麼，其「生命」的意義是否就在於要突破死亡，即走向永生？

㈡人生的來世問題：當今人類，由於物質享受以及自然科學的優位，許多人對「死後」問題，避而不談；甚至，受了唯物論的影響，根本否定「來世生命」的可能性。常聽見一些學哲學的人說：火車之向前走，並不是向著目的地，而只是照著軌道前進而已。其實，對一個問題避而不談，或是根本提出否定的意見，原不能解決問題。火車循著軌道走，只是看得見的現象，軌道建築的理由和目的，豈非為了目的地？火車循著軌道走的最終理由，就是為了要達到目的地；試問世界上果真有人坐火車，不是為了去目的地，而只是順著鐵軌走走？

「死亡」如同一扇門，從此世走向彼岸；這扇門是每個人都要通過的，沒有一個人能夠倖免。人間世的科學越發達，救人醫病的方法越進步，殺人的花樣也跟著翻新；除非倫理道德能絕對有效地禁止人去殺人，否則「長生不死」的美夢終究無法實現。

人一死，就如禽獸一般，「人死如煙滅」？抑或是人性有永恆的一面，他的精神不死？

㈢人生觀：人生在世，無論其對過去的看法如何，又無論其對未來的情形如何處理，但是，如何生活的問題，卻是必然要處理的。你可以不做商人，也可以不做科學家，可以不做專業的哲學家，但是總不能不「做人」。

在「做人」的日常生活所遭遇的許多事情當中，總有不少是兩難的，需要作抉擇的，需要藉價值批判，才能解決問題的。就如在經濟活動上，為什麼肯花五十元看場電影？或是花幾萬塊錢出國旅行一次？為什麼肯花那麼些勞力去換取幾張鈔票？這些都是價值批判問題，都是哲學問題，也都是人生不可倖免的問題。

㈣發展中的國家，崇尚科技是必然的，發展科技也的確是當務之急；可是，這種「崇洋」心理的惡果，卻出之於文化的傳遞問題。如果科技方面，外國月亮比較圓，因之而獲得的推論，竟然以為外國的其他一切都比本身的好，連自己的生活習慣也得跟隨洋人，甚至，連護照在內，都放棄了自己祖先的牌位。這種想法，在當代的中國思想界，仍然有著不少的遺毒；「打倒孔家店」不但是崇洋的表現，而且亦是對自身失去了自信的憑證。

在另一方面，主張中國文化復興的人，卻一味強調「西洋重物質，中國重精神」，其

亦復如此，都是由於哲學家在整體的宇宙和人生問題上，領導著國家和民族的文化。反過來，埃及、巴比倫等國家民族，都由於缺少哲學家而沒落了。

文化界之輕視文化工作者，尤其輕視整體的思想家，的確是民族文化的危機。中國的災難，原因固然很多，但是，根本上還是哲學的失敗，是民生史觀之不張，與唯物史觀的猖狂所致。

哲學討論整體的宇宙和整體的人生問題，它也討論自身的存廢問題。一個人生存在世界上，縱使不是專業的哲學家，但總和哲學結了不解之緣。

哲學——這門愛智的學問，希望不要由於人性自身的愚蠢把它糟蹋了，摧殘了。

第二講

人

哲學，無論是討論宇宙問題，或是探討人生的問題，到最後仍然是站在「人」的立場上去看「人生在宇宙中」，去看「人與人之間」如何安身立命，如何頂天立地，如何使自己超越人間世的束縛，而達到超人的地步。

哲學因而總是把「人」的問題放在最前端；因此，哲學的課題，也就是「人」的課題。

在目前，文明生活在快速發展中的時代，許多醉心於「進步」的人士，就以為「經濟」才是決定一切的最終原因。因而，也就在經濟問題的探討上，覺得人口發展太快，而糧食以及其他能源似乎呈現著危機，因而主張節育，甚至准許墮胎，或是主張優生等。甚至連帶也站在人道主義的邊上，大談「安樂死」和「自殺」的倫理問題；甚至，借助生物科技，主張「複製人」的技術。

很顯然的，這種經濟哲學絕不是在討論「人」的問題，而是把人當作「問題」來討論。因為如果真的人口太多、糧食不夠，而且，增加糧食又不可能，那麼，很自然的就是節育，用人工的方法不容許「未來的人」有出生的機會。或者，更殘忍的是：墮胎，殺死那尚未出生的人，同時仍然帶著道德的面具，說出：「這樣做實在是為你好。」以一種「尚未存在」的好處，來安慰被經濟問題所扼殺的生命。

可是，無論在哲學上，或是在法律上，我們都要問：什麼人有資格生存下去？誰比別人活下去的權利比較大？優生學者也許會說：當然是優秀的人！但是，問題仍然沒有完結，因為，怎麼樣的人才是優秀的呢？是四肢發達的嗎？是頭腦靈活的呢？還是具有豐饒心靈的？再進一層，是否身心殘缺的就真的沒有資格生存？

其實，多少殘障者擁有非常高貴且富饒的心靈，他們對人類社會的貢獻，甚至遠勝過某些身強力壯的人。

希特勒曾以為德國人是世界上最優秀的民族，而猶太人則是世界上最劣等的人，因了這種偏見，納粹曾殘殺了六百萬無辜的人民。

真的，人口問題的專家們，的確需要靜下心來想一想，「誰」比別人更有生存的權利？如果我們一方面不想落入「弱肉強食」、「優勝劣敗」的獸性法則中，但是在另一方面又覺得要用「仁愛」的方式淘汰某一部分人的生存可能性時，究竟有什麼妥善的、兩全其美的方法？

也許，我們對「人」的認識還不夠，不如先就對「人」的問題加以探討，然後再回過頭來，考究人與人之間的關係問題。

在探究「人」的問題時，我們和以往一樣，還是首先站在外面，觀察人類歷史中，對「人」的各種關心和探討，此為「歷史發展」。在縱的「歷史發展」探討過後，就是走進「人」的內部，去看他的意義與價值，也就是研究人的「內在涵義」；這是橫的以及深度的檢討。最後還是再回到現實來，論及「人」性的「當代意義」。

我們這就開始按次序研究：

第一部分　史的發展

世界上自有人類以來，就有思想，有了思想也就很快注意到自身的「安身立命」問題，這也就發明以及發展出各種「人生觀」。但是，因了「安身立命」與環境休戚相關，人生觀的差異也就因了時空的改變，顯示出特殊的性格。在這裡，我們提出中、西兩方面的哲學發展史中，對「人」的態度和看法。

第一章　中國哲學中「人」的問題

在上一講中，我們特別探討了哲學問題，而且，在中國哲學史的發展部分，指出了中國哲學起源的重心，基本上是放在「人」為中心的態度。在廣大平原產生的民族，以自身廣大的心胸面對大自然，而想出與自然「合一」、「物化」的生命境界；這就是道家的人生智慧；面對著其他人類，則思想著如何「愛人」，如何與別人和平相處：無論站在血緣上或是站在人性以及人道上，提出了千秋萬世的倫理規範，提出了人在社會中，做人的準則；這就是儒家的哲學內容和基本精神所在。

「人」自覺到自身的存在，而且自覺到自身不是孤立的，在天與地之間，有大自然為伴；在人與人之間有同類的各種關心。於是，人性的體認逐漸透過「物化」與「仁愛」的努力，一步步加深，不但發現了「人為萬物之靈」的事實，而且體驗出人性「內在」與「外在」的分野。從「慎獨」開始的個人修養，乃至於到謀求「天下平」、「世界大同」的群體生活，都指出了「內聖」才是「外王」的基礎。

於是，在先秦時代中，無論是道家的「無為」，或是儒家的「有為」，又無論孟子的

「性善」，或是荀子的「性惡」，也無論孔子的「大公」，或是楊朱的「自私」，都主張個人的修養，是人性超升的進階；都曉得人性貴在富饒的心靈。

透過教育的設計，再透過《易經》的生生不息的原理原則，使人性的學說在文化的傳遞中，一直是「頂天立地」的，一直是「與自然和諧」、「與同類相愛」的。

《書經》揭示了「行善避惡」的人性歸向，《春秋》道破了人性對歷史的價值批判。「人」也就在時空的演變中，不但知道行止，而且規範著行止。

本來，人性的「內」、「外」之分，在先秦開創時期，都在具體的政治社會中，做著「今生今世」的設計，對形而上或者遙遠的身後問題，都不在研討之列。可是，自秦漢起，人性的極限——「死亡」的課題，開始困擾著執政者，無論是秦始皇，或是漢武帝，都在設法除去這種「今生今世」的時間束縛，希望生命能夠永恆地繼續下去。在人性的「內」、「外」之固有劃分中，分別以「畫符」和「煉丹」來延續人的此世生命：畫符可以驅除惡鬼，使其不敢來取人之命，煉丹則可使人吞食之後，除去內在的死亡因素。

秦漢之後的「人性」沒落，就是由於不肯腳踏實地，從慎獨、修身做起，漸漸超升到君子和聖人的境界，而是存著僥倖的心理，以為符咒和丹藥可化時間為永恆。

佛學的東來，在「人性」的時間上，把「今生今世」往前往後伸展，加上「前生前世」以及「來生來世」，而且指出其相互間的因緣關係。和《書經》所指出的原理一樣，行善必獲賞，作惡必受罰。

「行」的實踐意義，於是又重新受到了重視；而連帶著而來的，是印度思想中對此世的鄙視，以及對來生的嚮往。「此世只是通往來生的道路」領導著隋唐以及其後的中國人，從倫理規範的層次，走向了宗教的情操。在這種情操之中，「人」是永恆的，「人」與其他的生命首尾相連，「人性」透過自身原有的佛性，行慈悲，立功德，終究會進入「涅槃」的境界；的確是先秦哲學，人性「止於至善」的另一種注解。

人性自身的修成，到中國大乘佛學興盛時代，已經進入到高峰，人與人之關係，並不因小乘「出家」的消極思想所影響，而仍然以入世的姿態，使宗教與民生合一。這種表現，最清晰的莫過於一位老祖母，可以在子孫滿堂的「家」的幸福中，手持念珠，成為虔誠的佛教弟子，而用不著削髮為尼，更用不著度獨身的「出家」生活。

這是集合了印度宗教情操以及儒家倫理規範，所組成的新的文化系統，兼顧了人性自身的修成，以及人際關係的保持。

人與物的關係，在中國傳統智慧中，似乎一直沒有被系統地考慮過，至少不被列入於哲學體系中，「格物而後知至」的原則，似乎總未發揮出應有的功能。到了宋明時代，固然一方面藉復古的新儒家系統，設法排斥外來的文化，但是，在創新方面，則首次把「人與物」的關係當作思考的主題來研究；宇宙體系的設計，以及人性安置在宇宙之中的計畫，指出了人性在消融自身於自然之中的另一重角度的探討。宋明理學在表面上是發展新儒家，其實，在哲學上的貢獻則是：利用了佛學慧心的頓「悟」，把道家在自然中的「人」性，以及儒家學說中主「行」的道德規範，都熔為一爐，指出了從格物開始的先秦原義。

後來，在與西化潮流的衝擊中，「物」的認識和把握佔去了士大夫大多數的時間，人性在追求真、善、美、聖的途徑上，受了莫之能禦的空前大災。可是在另一方面，從農業的生活型態，漸漸轉變為工商業社會結構時，並非指出人性的沒落，而是人性在與不同的人際關係中，如何找出一種現代化的行為規範。三民主義的政治理想，上承中國固有傳統，下導西潮中的各種人際關係；希望在「物」的把握中，仍然能使人性不斷地向著「至善」發展。這種個人的趨於至善，同時亦是社會發展的世界趨於大同。

目前，在環保的大力推動下，人與物的關係亦逐漸明朗，「物我合一」的生命情調，領導人們不要過分破壞自然，而是以「欣賞」代替「宰制」。環保哲學更是當代哲學的研究核心。

第二章　西洋哲學中「人」的問題

海島文化所產生的漁商生活方式，也引導出人性面對世界，如何把握「物」，如何征服「世界」的信念。若說中國哲學的中心在「行」，則西洋哲學的中心在「知」。而這個知，在一開始時就指著三個面向：知物、知人、知天。西洋哲學中的「人」，因而就是把人性安置在宇宙之中，如何用「智慧人」和「工匠人」的姿態，來頂天立地，來征服世界；很不幸的，這種「征服」的思想，在希臘的奧林匹克精神之下，由物轉移到人的身上；不但個人與個人間有了違反人性的「奴隸」產生，就是集體與集體之間亦有「殖民地」的侵略政策。

奴隸與殖民，宣示了人際關係中「不平等」的傾向。

「人定勝天」的說法固然指出了人性的偉大，無論希臘柏拉圖的人性起源論，或是後來進入西方的希伯來人的上帝創造說，其實都在說明「人是萬物之靈」，甚至指出「人是有理性的動物」、「人是政治的動物」等等描述。

希臘哲學中柏拉圖的《理想國》，亞里士多德的《倫理學》，都在說明人性生在世界上的價值和意義，都是在為了「來生來世」的生命。前世、今生、來世的思想，在西方哲學一開始時，就已活躍在人的思想以及生活中，其三者的因緣關係，也由希臘古代神話所支持。

羅馬時代曾一度把人性沉淪到物慾享受之中，同時領導著「煉金」的行為，藉以配合支配事物的理念。至此，人性事實上已不能役物，而是掉入役於物的深坑中。

適時而來的是希伯來信仰的西傳，以「人的靈魂是上帝的肖像」，喚醒西方人士記起柏拉圖的靈魂說；而且，以上帝創造天地，工作六天休息一天為理由，在安息日中把「人人生而平等」的信念傳播到社會中去，藉以修正奴隸制度以及殖民政策的偏差。

中世的「人」透過「神人」合一，「神性降凡」的耶穌基督，而由「信仰」的實行，漸次提升到神性之中；其「神人合一」的理想，大有中國「天人合一」的氣派。

「原罪」的信條，解釋人性的諸般罪惡的起源，最主要的，解釋著「死亡」的最終原因，「人而神」的救援，因而成了人性超升的唯一機會。

在這種「人性低於神性」卻「高於物性」的信念中，「人」是上帝的創造物，在有了原罪之後，「人」又是上帝大慈大悲所救贖的；因而，面對上帝的啟示，人的智慧豈不成了黯然無光的東西？

西洋向來「競爭」的心性，當然不能長期在這種教條下生存；它不滿意於「施比受有福」的原則，它更無法忍受「謙讓」的德性；於是「文藝復興」以及「啟蒙運動」給予了西洋人最好的機會；提出了「人性至上」的口號，甚至指出了「上帝死亡」的事實；於是，在這種「人性至上」的自我陶醉中，很不幸的，並沒有用「同舟共濟」的精神，提攜著全體人類走向「至上」的地位，而是用了一些「把自己的幸福建立在別人痛苦之上」的行為，又使沉寂了一千多年的奴隸制度，以及殖民野心，死灰復燃，而且比之希臘羅馬時代，有過之而無不及。

西洋的人性論也就在這種「萬物之靈」的體認中，一天天發展著各種工具，去發現「新大陸」，去開拓「亞洲市場」，去「援助」未開發或者發展中的國家。當然，世界因了白種人科技的發展是縮小了，交通也方便多了；可是在另一方面，由競爭文化發展出來的共產主義，以為獸性的鬥爭是進化的原則，人性亦是以鬥爭來構成歷史。

共產主義的誕生和成長，的確是人性空前未有的浩劫；它不但否認人性超越至神性的可能性，同時否定人際關係中的仁愛與和諧。世界自有人類歷史以來，從沒有像共產國度那樣的「奴役」和「恐怖」；人類自有歷史以來，也從未有過對人性那麼大的迫害。

除非科技的唯物思想，能突破自己的極限，在人性之中加入道德規範、藝術才情、宗教情操，否則人性不但會迷失，而且簡直會沉淪。幸好，文化進入二十一世紀時，東西方都開始覺醒，大都拋棄馬列信條，而復歸人性的尊嚴。

綜觀中西哲學對「人」的研究，有高潮也有低潮，有人性伸張時期，也有人性墮落時代；但是，無論如何，人的良知總是一切行為的準繩，就算人性被侮蔑到無以復加的地步，人性也會經由自覺，而再次設法找到自身存在的意義和價值。

「人」除了具體的肉體之外，尚有看不見的靈魂；「人」除了物質的必需之外，尚有精神的食糧；「人」除了經濟之外，尚有社會和政治；「人」除了靈活的頭腦之外，尚有豐饒的心靈。

「人」的價值，因而不是他「擁有」什麼，而是以他「是」什麼作為衡量的尺度。

第二部分　內在涵義

「人」的內在涵義，經由其中西哲學史的發展中，的確不很容易把握到重點。你盡可以把自己對「人」的理想，設計出體系極為壯觀的理想國，但是，人的現實是否就可因之改變？在理想與現實之間，在幸福和痛苦之間，甚至，在生和死之間，在全有和全無之間，「人」究竟是什麼？

「人」的內在涵義因而仍然是值得探討，而且亟待回答的課題。除非我們真正了解「人」的意義，除非我們把握住「人」的價值，否則我們就無法獲得生命的指標。

現就以最簡單方式開始，探討「人是什麼」的問題，希望能由淺入深，從現象的觀察走進本體的把握，由理論的設定，走向體驗的深度。

最先，我們從感官著手，很顯然的，「人」是一種動物，有動物的各種特性，有各種官能，但亦有一整體的生命：會生長，會衰老，會走動，有各種衣、食、住、行的需要，在表面上看，他的一切行動與其他動物無異。我們將人與其他高等動物作一比較就會發現，他們之間非常相似；因而把人解說成「一種高等動物」，一點也沒有錯。當然，在這裡我們並不是就一定贊成「人是猿猴變的」學說，但是，若宇宙間進化學說成為事實的話，人和猿很可能同源。無論如何，不管是否用動物學或生物學的知識，人是一種動物，則是千真萬確的事。

可是，如果我們再深一層去觀察，就會發現「人」到底不是一般的動物，他有些不同的地方，而且有些非常特殊的東西；首先是他會穿衣服，衣著常常翻新，也會蓋房子，可是不像螞蟻和蜜蜂，永遠蓋相同的房子；人的住處樣子因人而殊；在人文世界中，一切的成品都超過動物的自然世界。我們在看了人文世界的成就之後，再回頭來看看「人」，直會覺得他畢竟沒有什麼理由和條件能勝過其他動物的：他的「爪」遠不如老虎的鋒利，他的牙齒也絕比不上狗，他爬樹的本領也不是猴子的對手，他跑起來慢得可憐，對疾病或寒暑的抵抗力，也遠不如一隻螞蟻，他五官的靈敏度差到極點。站在生物學上來看，他沒有被淘汰可真是怪事。

可是，雖然在生理上的一切考察，人都不如獸，而在事實上卻適得其反，世界上只有「人」能馴獸，所有的家禽家畜，都乖乖地聽「人」的話；人類在娛樂生活中，會組織馬戲團，會鬥雞、鬥蟋蟀，會賽馬、賽狗……這些都不是任何其他動物能有的生活現象。

「人」成為萬物的主人，不但可以御物，而且可以役獸，駱駝再大，也得替人背負跋涉；蜜蜂再努力，採的蜜還是被人享用。

「人」還發明了各種工具，代替人手；發明了舟車以代步，發明了電的用途，使整個的自然世界變為人文世界，在許許多多的物質中，看見了精神的光榮。

不但如此，在人文社會中，發明了許多「新」東西，這些「新」東西，不但在動物世界沒有，也不但是物質的成品；而是人際關係的理想化：就如禽獸世界正在實行著「物競天擇」、「弱肉強食」、「優勝劣敗」的競爭生活，而人類卻能以倫理規範制定「仁愛」和「互助」的法則，甚至在科學之上，發明道德、藝術、宗教，作為精神的寄託。

這些現象，西洋哲學稱之為「工匠人」和「智慧人」的創造，是為特別著重「理知」的一種解釋；在中國的哲學發展中，則著重人的心靈，以之為「君子」或「聖人」稱之。其實在，無論是「工匠人」或「智慧人」，也無論是「君子」或「聖人」，其實都在闡明「人為萬物之靈」的事實，而且，也正表示出，哲學在「人」的身上所發現的，是「頭腦」和「心靈」，靈活的頭腦，可以征服自然，豐饒的心靈，可以「愛人」。

「知」與「愛」因而是人性的兩隻翅膀，能引導人飛向真、善、美、聖的境界。在「知」與「愛」的運用中，人類最先所獲得的，是價值判斷，能分辨是與非、善與惡、美與醜、罪過與神聖，然後擇善避惡。

於是，人性的本質也就在於「知」和「行」的合一；以理知的天分去認知，以心靈的豐饒去做事；在這種「知」與「行」的交替作用中，人性在不斷地提升自己，也在不斷地提出更高的理想，以彌補現實的不足。

「人」在獨居生活中，固然亦可以靠「知物」而發明自然科學；但是，要「知人」必須由具體的社會生活體驗，要「知天」則需要人性的昇華以及超度。無論知物、知人、知天的事例，最能夠發展和進步的，還是人與人之間的交往，互相交換意見；這就是人文社會中，「語言」以及「文字」的絕大效用。「語文」是人類突破性的發明，是人性表現自己思想，以及傳遞思想唯一的且最有效的工具。幾千年，人類在文化上的努力成果，都可以由語言文字記載下來，供給後人作模範、作參考。

在語言文字的記載中，人類不但在科技的發展中，累積了豐富的經驗，而且能以人性在自我超越的道德、藝術、宗教中，完成了許許多多不朽的作品。一個「智者」或「聖人」或「先知」，總能夠除了用語言在當時向人類宣示人生真諦之外，還可以透過文字，突破時間的極限，把思想和德行流傳到千秋萬世。

「人」生存在宇宙之中，但總是不屬於此世，而是想衝破時間，走向永恆；衝破空間，走向無限。

在永恆與無限之中，人可以「與造物者遊」，可以進入「涅槃」，可以「成聖成賢」，終於到達「止於至善」、「天人合一」、「物我合一」、「神人合一」的境界。

人在這種境界中，就是完人，超人。

◎第三部分　當代意義

「人」的課題的當代意義，比其他任何課題都對人類更切身。在「史的發展」中，我們極清晰地觀察到，人性在與「死」或「生」的極限相遇時，一切超越的念頭都會產生，而各種哲學解決方法亦會因之而興起。

但是，由於工商業社會的發生，而使人從純樸的，有許多時間作思考的，作反省的狀態，走向了為生活「繁忙」的狀況中。「忙」是現代社會許多特性中，最顯得清晰的。「忙」的第一個效果，也是最直接的效果，就是使人越來越短視，看問題的前因後果時，再也無法突破時間和空間的束縛。

於是，人的問題在當代，也就局限於「今生今世」；再加以「科學主義」者的鼓吹，以及科技發展的例證，更使人在生活享受中，忘記了「前生前世」的因緣，同時也拋棄了「來生來世」的信念。

受過科學洗禮的人，很容易以為「一切都要談現實」，至於那些「虛無飄渺」的「來世」問題，根本無法用科學來「驗證」，因而亦根本不值得探討。在「科學主義」口號之下，所有傳統的倫理規範、藝術才情、宗教情操，都遭到殘酷的否定。

但是，就站在科學「求是」的立場，我們仍然要提出「人」的問題，而且特別提出人的「極限」問題。「死」是人生真象之一，其「真」的程度，就像我現在提筆寫文章一樣的真，就像我們現在探討「人」的問題一樣的真。科學也許有一天可以免除所有的疾病，甚至可以替人更換許多器官，使人的壽命做著長期的延長；但是，科技的發展固然可以延長人的壽命，在同時我們也絕不可否認，人性除了創造的天賦外，尚有破壞的劣根性；我在這裡要說的是，人可以用醫學救人長壽，但也可以用武器取人性命。人類只要仍帶有一點死的可能性，他還是會死的。長生不老於是是人的理想，而且這理想又不是指向「肉體」以及「此生此世」的。

是否我們必須承認「人死如煙滅」的說法？是否我們要採取「唯物論」的學說？或是我們一定要等到科學家在實驗室中，找到了人的不死不滅的靈魂之後，我們才有理由相信「來生來世」的生命？

既生，為何要死？這是人生許多問題中，難以找到解答的課題。但是，「你為什麼生在世界上」，不也是一個難以獲得答案的問題？其實，只要人們能靜下心來，觀察任何問題，而詢及最終的「為什麼」時，都會與人的極限相遇，都會意識到荒謬的感覺；在人性面對「來生來世」的問題時，總是在「全有」和「全無」之間，必得選擇其一；它是「或此或彼」的邏輯問題，它是「魚與熊掌，不可兼得」的人生課題。

但是，有一點是必須肯定的，那就是，如果有「來生來世」，則必然需要「今生今世」來決定；然而，如果沒有「來生來世」，則「今生今世」就成為「今生今世」自身的目的，今生的一切只是為了今生，今世的結果也只是為了今世。

這麼一來，「正義」的意義不就成了懸空的？「善」與「惡」的標準必然會變成單純的「利害關係」；而且，一切的「善行」和「陰德」都成為愚不可及的行為。

但是，只要人性尚保有一點「良知」，只要尚有些許的神祕體驗，也就總有「是非之辨」，「善惡之辨」了。

社會、政治、法律，這些直接由人性創造的東西，是否靠「正義」和「公理」來維護？「成仁取義」的先烈，是否也只是在「今生今世」中找尋他們的存在意義？縱觀整個人類發展史，人性之向著永恆，不正如同植物之向著陽光？

否定「來生來世」，根本上就無法解決「今生今世」的秩序；沒有來世的寄託，誰會在現世講道義，明是非，而使自己吃虧？

其實，不但倫理的「善」，超乎了自然科學的「真」；而藝術的「美」和宗教的

「聖」，卻更能夠引領人類走向更高的存在層次。

目前，有不少的西方末流學說，衝擊著臺灣的思想界；不過大體說來，都是在企圖侮蔑人性的倫理和宗教，而揚言人與禽獸，在行為科學上看，是一樣的；人根本亦沒有自由，一切都與獸類一般，受環境的支配和控制。因而結論出，人沒有不死不滅的靈魂，人沒有來世的生命；人生在世的目的，也只是順著進化的法則，互相競爭，甚至互相鬥爭；共產主義政治的鬥爭奪權，就是這種主張的高度發展。

「人」的命運操在人的手裡，而人在處理自己的命運時，往往輕易地、狂妄地、不經心地把它忽視了。除非人性的自覺能夠在哲學的「智慧」思考上，給人類未來的遠景開創出一條康莊大道，否則無辜的百姓，不知道還要流多少的血和汗，和遭多少的精神虐待。

一個未來的完人，必然應該有道家面對自然的和諧感受，有儒家仁愛待人的胸懷，有佛家的慈悲心腸，有基督的救世宏願，以及擁有西洋的科學方法。

一個未來的完人，必須把握住「今生今世」，以換取「來生來世」的光榮，但同時亦擔負「前生前世」的一切冤孽。

把「人性」貶低到「獸性」，是當代文化危機之一；另一危機則是「人本主義」的思潮。前者貶低人性，後者膨漲人性，二者都是偏激的。唯有中肯地承認人的尊嚴和價值，同時亦知道人的極限，二者兼顧才是真正的、開放的「人文主義」。吾人在今天所需要的，不是自由主義的「人本」，而是實事求是的「人文」精神。

「人」生存在天和地之間，生活在人與人之間，如何擺脫獸性，增加人性，又如何超越人性，產生神性，才是吾人努力的方向，也是吾人能安身立命，社會能安和樂利的保證。

第三講

思想

曾經看過一幅漫畫，畫中一對猴子夫婦在談天。母猴嘮叨地告訴丈夫：「我們的小孩子學說話了！」──「他說了什麼？」公猴問。母猴說：「他說：『我想……』」猴子如果開始思想，顯然的就由獸變作了人。

思想是人類的特性，世界上也只有人會思想。又正因為人會思想，會認識事物，會為自己的未來打算，會認清過去，好做現在行止的借鏡，人才稱為「人」。

思想的運用，在最原始的時候，都用來為生存奮鬥，在弱肉強食、優勝劣敗的自然蠻荒中，人類只能靠思想去克服環境，戰勝強敵；後來，人性漸漸發展，除了生活必需之外，還會發明一些享受的事物；甚至，把原始的自然世界，改造為人文世界。在人文世界中，由於文化的傳遞，與經驗的累積，而使人類利用有系統的思考方式，去建立社會，發明語言，創造文字；甚至，從具體的簡單的事物向外表現，進入到抽象的、複雜的文學、哲學、藝術、音樂等等精神文化之中。

人類自有文字以來，亦已有相當長的一段日子，配合著技術的發展，使人類漸漸地除了謀生之外，越來越多休閒的時間，而從事於精神生活方面的事工。

利用思想去發明是一回事，知道了自己會思想，又是另一回事；再進一步，不但會利用思想，不但會知道自己在思想，而且還會研究思想，把思想本身當作研究的對象，則更是另一回事。

人類開始把思想當作客體來研究時，就已經開始哲學的高深研究了。

人類在思想，首先把具體的事物當對象，漸漸地就能夠把抽象的事物當客體；到後來，經過反省，竟能夠分析自己的思想。

在反省的自覺中，一個人先反省自己知識的對象，到最後才發現自己的思想。在思想的法則被拿來當作對象時，哲學的知識論就有了基礎；那就是邏輯的發明和運用。

我國先秦時代的名家，希臘古代的伊利亞學派，尤其後來的亞里士多德，都是研究思想法則的開山始祖。

一個人會思想是一回事，但是，知道思想的法則，又是另外一回事。當然，一個醫生經過許多訓練，就能非常清楚消化作用的各種過程，牛排如何被牙齒咬碎，碎片如何經食道而進入胃，然後又如何經由胃酸或膽汁的消化等等，而終於被變化，被吸收為人的血肉。可是，儘管一位醫生對消化系統那麼有研究，他可不一定會消化，所吃的東西亦不一定被吸收，身體不一定很強壯。但是，鄉下一位農夫，根本就不曉得消化是什麼，也不曉得其中的任何一種過程，可是，無論他吃了什麼，都變成血肉；不但胃口非常好，身體也非常強壯。

這種事實當然也就指出，學邏輯的人，甚至邏輯的專業家，不見得都會思想，其思想的內容，也不見得比別人漂亮。但是，一個會思想的人，再加上邏輯的訓練，自然就更會思想，變得在思想中「知其然」，又「知其所以然」的人。

「思想」屬於人類「知」的層次，但是，這個「知」有時會遇上極限，而當思想認定某些事物，不是知的能力可及時，也就會「想」出其他補救的辦法；正如人的眼睛遇上了極限，會請理知出來幫忙一般。「知」的能力，一旦有了極限，就有「行」或「信」的可能性出來接替，以完成思想的整體性。於是，在人類思想的發展中，無論中西，都有「知」、「行」、「信」三種層次的分野。

人類就是要透過「知」、「行」、「信」多方面的思想，去把握世界，去定位自己在天與地之間，在人與人之間。

現在，我們就分三部分來討論「思想」的問題：

目的不可謂不善；但是，西洋精神生活豈可一律抹殺？中國的唯物豈又不是當前的事實？

綜觀當代思潮的發展，無論崇洋派或保守派，無論是「全盤西化」或是「文化復興」，都有一種共同的記號，那就是對宗教沒有好感，以為自己有宗教情操，雖沒有且反對制度宗教，仍然可在宗教信仰的神「聖」階層中，完美自己，而提升自己從卑微的塵世中，超越到理想的天國。可是，宗教中的「從彼岸來的信息」，以及人生際遇中的各種神祕感，是否單靠自以為是的宗教情操，就足以使自己超凡入聖？宗教的修成，沒有不需依靠「靜心」之後，仍需要積極「修鍊」的。哲學的極限，在此即與宗教領域劃定了疆界；理性的極限，應由啟示來補足，正如人性中感官的極限由理智補足了一般。

(五)專業的哲學家的培養，也許是我們教育當局，現時代最有意義、也急不容緩的工作。一個國家、一個民族的文化命脈，絕不在它的經濟繁榮、或國力雄厚。希臘文化的延續，絕不是因為亞歷山大大帝的武功，也不是雅典城的偉大建築，甚至不是當時的一些著名的醫生或科學家，而是因為它擁有像蘇格拉底、柏拉圖、亞里士多德的大哲學家。羅馬無論在武功上、經濟上或建築上都超過了希臘，但在文化上就比不上前者。德國的出名並不是由於俾士麥或希特勒，而是因為有康德、費希特、黑格爾等大思想家。中國

◎第一部分　史的發展

人類的歷史就是一部思想史，人類自從出現在自然世界之後，就「透過」思想，把自然界的一部分改造為人文世界；不但人的衣食住行方面的發展和進步，構成了歷史事實的材料，而且在做人處世上的各種態度，也都成為歷史的骨幹。思想的發展史，從開始一直到當代，幾乎都在解釋人文世界的種種。思想不但使人克服了生存的各種困難，而且也創造了各種不同的人生觀和宇宙觀。往好一面去看，它引領人性走向真善美聖的境界；但是，往壞一面去看，各種派系之爭，不但引起了理論上的爭執，而且實際引發了各種戰爭；尤其是思想在武器方面的發展，很可能就會導致人類的毀滅。

別的思想型態，我們暫且不談，單就在哲學思想上而言，我們設法將中西的思想史分開來討論。

第一章　中國哲學中「思想」的課題

中國哲學一開始時就以「行」為中心，因而其「思想」的運用，都在圍繞著「行」而發展，從先秦的「格物致知」相當客觀的開始，很快就又回到「知所先後，則近道矣」的結論。當然，在格物致知的涵義中，說明了「人心之靈，莫不有知」以及「天下之物，莫不有理」，指出了知識論中主客之關係，以「即物窮理」的說法作為知識之開始。同時亦指出了學習的途徑「溫故而知新」；甚至，亦在邏輯的思辨中，指出思想與存在的關係：「唐棣之華，倫其反而！豈不爾思，室是遠而？子曰：未之思也，夫何遠之有？」

可是，這種思想的動向，都是指著道德境界，像「思無邪」、「見賢思齊」、「三思而後行」等等，甚至，知識之尺度，要以道德來衡量，像「知之為知之，不知為不知，是知也」。

道家儘量設法以無知無識的境界自勉，當然，其深思熟慮絕不在先秦其他學派之下。思想與存在之關係，在先秦諸子中，莫過於名家的探討，他們能夠以純思考的法則，指出日常生活知識之膚淺，而能超乎感官知識及常識，而說出像「雞三足」、「卵有毛」、

「飛矢不動」、「一尺之椎，日取其半，萬世不竭」一類的辯證。

但是，縱使是名家，其思考的目的仍然環繞著人生意義，而問及如何做人的道理。

到了秦漢之後，尤其秦火之後，「知」的純度，才有漸漸脫離倫理道德之勢；古書的真偽考證，佔據了當時負責傳遞文化者的心思，而一般庸俗的人，則在鑽研如何製煉丹藥，使自己吞服後會長生不老，這又是把思想和知識局限到人生之中。

隋唐之後，佛學傳入中國，而發展了「信」的時期；對人生的未來禍福，以及人的命運，只有在修鍊後的頓「悟」才能實現；一切知識的努力，都寓於「修身」工夫之中；如何把自身的佛性修鍊出來，而在消極上解脫一切俗世的束縛，成為中國宗教時期思想的重心；佛學的整個思辨雖不像西哲柏拉圖的《對話錄》，但是，其論證的形式卻可比美於西方宗教時期的中世。

無論是秦漢之「知」，或是隋唐之「信」，相對於中國傳統之「行」來說，都在指出「知易行難」的倫理規範的理解。

宋明時期的新儒家，一方面設法做到「知行合一」的知識論；但在另一方面，則設計了唯心的大體系，以「心外無物」的前提，彰顯了「意識」在知識論中的創造潛能。實在，儒、佛、道的精華，都在宋明的宇宙論以及知識的設計中表露無遺。先秦「致知在格物」的原則，似乎在一開始時就被遺忘，無論秦漢或隋唐，都沒有循此原則去建構完美的知識；宋明諸子畢竟在廣大悉備的宇宙體系中，安置了人的心靈，使其在本體論的中心，向四周發射其原有的知識潛能，不但道出了知行合一的成果，而且，更主要的，是能夠「以一切去衡量一切」，作為哲學知識的全燔。

明末清初，耶穌會傳教士東來，曾或多或少地給了中國思想方法上一些衝擊；在康熙的安排下，無論是天文，或者是地理，中西方法都開始邁向熔為一爐的趨勢。但是，這種景象被後來的閉關自守湮沒了。

直到清末民初，中西接觸之後，不平等條約把中國送進了世界潮流之中；新知識、新思想、「德先生」、「賽先生」的口號開始在文化界蔓延，而終於把傳統的，以「行」為中心的「知」拋棄，而代之以科學的、客觀的「知」。

從五四運動的崇洋自卑開始，思維的方法上固然有些學到了西洋，但是在這方法之內，卻潛進了不少的唯物、實證、實用、功利的內容，而在科學方法上並沒有很成功的移植下，卻接受了西洋思想內容最糟的一部分。

近幾十年來，臺灣的哲學一直在叫喊「方法」的口號，英美派的數理邏輯也有取代形式邏輯的趨勢，配合著從語言分析所得來的一些懷疑，加上民國以來的考據之學，於是把思考的形式，當作了內容，把哲學當成了邏輯；把宇宙和人生的問題都放在公式之標準上去秤。邏輯實證論不但影響了臺灣的哲學，其價值中立的言論也影響了許多別的學科，像經濟學社會諸科學。

就在思想與存在的骨節上，中國哲學除了大陸上的唯物辯證，臺灣在方法上尚未取得積極有效的方向，西洋哲學尚未學好，中國哲學本身亦似乎很落後。科學之知固可在經濟發展上，給予極大的幫助，可是，是否對人生的內容有所裨益？

國父孫中山先生所創的「知難行易」學說，意即要國人利用科學精神，去發展各種科學；但其學說中心，仍然是繼承中國道統，以及西洋宗教情操。

目前，在經濟繁榮及物質生活漸趨富裕時，人性精神的需要亦漸漸地覺醒；思考的形式如果不是為了內容，如果不是導引出幸福的人生，那才是空想和幻想。

第二章　西洋哲學中「思想」的課題

西洋從希臘開始，就把「知」當作哲學的中心；而且，在哲學的探討中，很快就進入了純知識論的領域。無論是蘇格拉底以前的伊利亞學派，或是蘇格拉底本身，都能把思想當作對象來研究；到了亞里士多德，邏輯的發明和運用，一直影響到現代的思考方法。

知識論的問題，在西方富於分析的頭腦看來，還是歸屬到主體和客體的關係課題上。邏輯法則的提出，也正是說明了主體思想亦有法則可循；而且，整個知識體系的建立，都奠基在思想法則中的根本定律：同一律，並由之而衍生的矛盾律和排中律。從知識的哲學「入門」，到哲學之「體」的形上學，再到哲學之「用」的價值哲學，就構成了哲學的整體。思想法則在西洋哲學上，佔了首席。

亞里士多德思想的運用，目的是建立形上學；到了羅馬時代，司多噶學派也注重邏輯的研究，並且由之導引向倫理學；因此，在羅馬時代的哲學動向，是以「行」取代了希臘的「知」。羅馬社會的縱慾，使當時的哲學用「修身」來擔負起救世的使命。無論是司多噶學派，或是伊彼鳩魯學派，都是利用「知」來指導「行」，極似中國先秦時代的狀況。

羅馬的倫理道德的「行」並沒有挽回羅馬人的煉金欲望，也並沒有把人生的價值奠定基礎；幸好希伯來宗教的「啟示」取代了哲學的「思考」，而以宗教的權威，爭取到西方人的「信仰」。信仰之知的特性，在西洋中世時期，把握了洋人的根本思想，致使後人誤認之為「哲學乃神學之婢」。可是，事實上，中世哲學的重心，無論是聖多瑪斯或其他任何一位思想大師，都以理性為基準，而清楚地把哲學和神學分開：哲學重「知」，神學重「信」；甚至就連神學的信，也要由哲學的思考去界定其範圍。

中世的共相之爭，是針對思想與存在間的關係而起，但是卻停止在思想技術之上；真正的共相辯論，都是在思想上的爭端，與外界現實存在的事物，本來就沒有什麼關係。

但是，問題不單在中世的「共相之爭」出了問題，而是在文藝復興之後的近代哲學，也興起了「實體之爭」的事實。經驗論者跟隨著中世的唯名論，否認實體單獨存在的可能性；而相反，理性主義者則以唯實論的方式，設計了無數實體的世界。

「知」的復古，到了近代的理性主義和經驗主義，不是走向了前者的獨斷，就是變成了後者的懷疑；二者其實都扼殺了思想的功能。康德以及德國觀念論的把「知」導向「行」，把物質世界超度到倫理、藝術、宗教的境界，事實上並沒有發展「知」的層次，只是把靜態的思想，導向動態的精神活動，設法統一中世的共相之爭，以及近代的實體之爭，使思想與存在二者統合在一起。黑格爾的「絕對精神」是思想的最高峰，又是存在的最高峰。

西洋十九世紀的思想，曾一度淪為唯物實證的奴隸，黑格爾左黨的所有學者，都無法走出靜態的、平面的思維形式；他們全是以「知物」的成果，去界定「知人」以及「知天」的思想。

二十世紀以來，銜接著科學哲學的成果，以及承受著新士林哲學以及新康德學派的主流，發展了現象學的思想方法，發現了人類意識才是思想的中心，而一切的一切都得溯源於此。現象學在知識論上的深度，大有我國宋明時代知識之成果：「心外無物」。

胡塞爾現象學的方法雖然集合了數學和心理學，但是，並沒有走經驗主義的分析的道路，而是走了偏向於理性主義的直觀方法。二十世紀在維也納也興起了一種學派，由一些科學家所發起，目的在於把哲學科學化，這學派後來在歐洲無法立足時，就以邏輯實證論的方式，進入了英美哲學界，並且隨著英語體系，而轉入到亞、澳各個地區。

邏輯實證論在開始時設法用科學方法，探討並解決哲學的問題，但是遠溯唯名論的看法，反對形上學的可能性。因此，其方法在哲學上的意義只限於知識論，並限於實驗科學的「檢證原理」；無論是用數理邏輯，或是語言分析，其實都在布置價值中立的地盤。及至近來，有些學者竟越界大談倫理學的課題；但是，由於缺乏形而上的基礎，並且由於英語本身文化之背景為實用和功利的限制，於是在倫理道德上採取相當懷疑，甚至侮蔑的態度。

此外，西方盛極一時的存在主義，曾特別用了現象學的「存而不論」的方法，「體驗」著自身的存在，把「思想」的抽象法則，看成必須有現實作基礎的條件。

近來，西方又設法在各種分裂中，找出統合的可能性，德日進的科學、哲學、神學的大統一，也許有助於西方思想的發展。

再來是源自現象學的「詮釋學」，對古代語言的興趣，也許可以與英美的語言哲學溝通，共同締造人類未來的哲學。

○第二部分　內在涵義

綜觀中、西哲學對「思想」的體認，給予我們的第一個印象是，知識的目的可以是「知曉真象」，但是，思想的目的卻不止於真象，而是設法超越真象之後，實現自己的理想。這理想可以用「知」去把握，也可以用「行」去體驗，也可以用「信」去完成，或是用「感」去投射。因此，在思想的層次中，它可以包羅了知識、倫理、藝術、宗教，也可以獲得這些對象的真實成果：真、善、美、聖。

在史的發展中，我們當然可以抽離出思想的形式，使其成為邏輯學，而在知識的昇華中，我們也可以根本不談內容。可是，在整個哲學探討中，思想的目的還是為了自身在宇宙中的定位，如何頂天立地，如何做人處事。

在蠻荒的自然中，人類靠了思想，使自己在弱肉強食的惡劣環境中脫胎而出，而成為萬物之靈；而在思想的發展史中，我們窺見文化的起源，哲學的誕生；並且，看見人性在發展自身，走向真、善、美、聖的途中，發明了各種應變的方法，創造了各種型態的思想。

並且，在這些不同類型思想相互之間，雖有「文人相輕」的情形發生，可是依舊是分工合作，引領著哲學與文化，走向幸福人生的終極目標。

現在，我們要提出來的課題是：思想究竟是什麼？它有哪些內在涵義？

我們也許可以用目的、方法、分類、出路四個面向，去看它的真面目。

就目的言，我們剛才述及的，思想的目的不但是要知道真象，而是要透視真象，在真象之上建立理想的境界；並且還要想出如何去實現這理想的方法，並督促自己去運用方法去實現。

思想是在為自身的存在謀出路。

思想本身並不是目的，它只是到達目的的方法。

當然，我們可以做許多思想的遊戲，把思想精采之處取出來，當作一種精神的享受；正如希臘早期哲學家畢達哥拉斯所提出的，到奧林匹克村去的人有三種：一種是想在比賽中得錦標的，一種明知自己沒多大希望奪錦標，可是亦想藉運動來鍛鍊身體，最後一種根本就不參加比賽，而是來欣賞觀看的。畢氏以為，第三種人才是哲學家。當然，照畢氏看法，只有形式邏輯，才是思想的目的，因為它根本沒有內容，也不涉及內容。可是，我們在這裡，千萬不要忘記，畢達哥拉斯本人思想，絕對是「有為」的，只是不受「功利」或「實用」所束縛罷了。

因此，思想的目的是人生，但是卻不是功利的人生，也不是實用主義的人生，而是一種形而上的、價值的人生。

其次談到方法：

思想方法在哲學發展中，可以說有多少派系，就有多少方法，但是，我們在這裡只談及一些根本上的法則：且就分為純知識論上的方法與涉及到人生的知識方法來看。

純知識論的方法為：從「抽象」到「歸類」。抽象是把外在世界具體存在的東西，用理念抽出共相，而把差別相保留在感官世界內，就如把張三、李四、王五、趙六的共相「人」抽出來，作為思想中的概念，而把他們之間的個性存而不論。

把個別的、具體的、屬時空的，存而不論，只抽出共相來，成為抽象的、普遍的，這也就是「歸類」的成果。人天生來就會用思想去抽象、去歸類，而完成知識的系統架構。西洋從亞里士多德的範疇開始，就已經把歸類的方法講述明白：從底層的個別存在的歸類，漸漸走向觀念世界的共相，一直到共相的「存有本身」為止，構成了一金字塔型的架構。就如「人」概念來說，它是來自張三、李四等人抽象的結果；但是，與它併行的，尚有禽獸的概念，也是由具體的麻雀、斑馬等東西抽象出來的；在「人」與「禽獸」的概念之上，還可以再「抽」，而成為「動物」；可是，與動物平行的，尚有由大紅花、椰子樹等事物構成的「植物」概念；從「動物」和「植物」的抽象，可以獲得更高的共相「生物」；再進一步，與生物平行的，尚有花崗石、大理石、泥土等「死物」的存在，因而又可由之抽出「物」的最高的概念，也就是「存有本身」的概念。

由這種知識的抽象和歸類，使得我們的思想有了初步的內容，再加上邏輯的思考法則，就成為知識起源的工具。也就這樣，知識的思想就引導人走進形而上的原理原則中。

要從形上學下來，走向價值哲學的具體生活層面，就又必須用思想的「類比」方法。

類比方法的運用，在西洋是亞里士多德開始，中世發揚光大之，尤其到了十九世紀後半期的反宗教、反道德的一些自然主義學者，也跟著用「類比」的方法來證實他們的想法和看法。在中國諸多著述中，《抱朴子．詰鮑篇》便是一篇典型的作品，說明了類比對知識論的重要；也就是說，把類比應用到人生哲學之中，對自己的人生觀提出一種知識的論證。

「類比」的意義，一方面要指出吾人所抽象以及歸類出來的「概念」，連最高的存在概念在內，都是部分相同，部分相異的，都不是完全相同，亦不是完全相異。就如「人」的概念與「張三」之間，就是「類比的」，「物」與「動物」之間亦是類比的。

屬於唯心或心物合一的哲學體系思想家，在觀察宇宙萬象之後，總是取其真、善、美、聖的部分，而結論出人生的目的在向善、向上，而人的本性也就要超越自己；因而在各種觀察中，都往好的一面去看：看見老虎雖兇，但母老虎對小虎還是百般撫愛，因而發現「虎毒不吃子」的倫理規範；看見烏鴉雖使人討厭，但也發現「鴉有反哺之慰」的孝道表現；及至「羊有跪乳之恩」、「狗的忠誠」等等，都在說明人性可以藉對物性或獸性的觀察，而用「類比」過渡到人生哲學來，形成人類倫理道德的一種解釋。但是，這種類比也可以用在別的上面，就如進化論以及共產主義的學說，就是在觀察熱帶地區的「弱肉強食」的情況，觀察工業社會發展之後的「勞資糾紛」，而定出「鬥爭」和「競爭」的人生觀，而又用辯證的方式，把這種類比理論合理化。

正如〈詰鮑篇〉所提出的類比方法一樣，鮑敬言覺得一切人文社會的產品，都在扼殺了自然的美好，像穿牛鼻、籠小鳥等等事情，都在相反自然，因而主張無為，主張無政府主義；但是《抱朴子》則看到了自然界的蠻荒，如果不在自然中建造房屋，如果不嚐百草以治百病，如果不發明火來熟食，則人類就不可能生存下去，因而主張人文世界的誕生，因而主張有為，主張設立政府。

「類比」方法的運用，關係著人生觀的建立至鉅；它可能導致人性的發揚，也可以導致人性的墮落；就如一根繩子，樂觀的人可以用它來包東西，悲觀的人則用它來上吊。

至於談到思想的分類，與它的方法一般，有多少派系的哲學存在，就有多少種思想的類型。不過，我們在這裡，暫且提出二種根本的分野：模仿的思想與創造的思想。

模仿的思想，通常都從學習得來，而且，這種學習大多是透過感官作用；即是順著前面所提及的，從「抽象」到「歸類」，按部就班地「學習」，而獲得的知識。

這種模仿的思想有一個好處，人人能學，人人能懂，是為經驗論者最強調的一種思想，也是發展自然科學，尤其那些發展中或未開發的國家，所必須迎頭趕上的思想類型。

可是，人類除了會學習之外，除了對現實有把握的能力之外，還有理想，還能夠創造一些「現在」尚未存在的東西，而使它在自己未來生活中為人所用，增加生活的充實和享受。

「聞一而知二」、「聞一而知十」的天分，也在說明創造是人性的潛能。

瓦特看著開水在推動壺蓋，而想到的是尚未存在的蒸汽機，貝多芬學了一些音符，而譜出了〈第九交響曲〉。這些都不是模仿的思想，而都是創造的思想。

從模仿到創造，是人性思想最正常的方向；思想那不存在的東西，可能是創造的先聲；思想那些已經存在的東西，雖是言之有物，但仍屬模仿的知識。人文世界之所以產生，是因為有許多人，敢去思想一些「不存在」的東西，然後，憑了信念和信心由自己的努力把它創造出來。世界上沒有一樣成品，尤其是自然科學的成品，不是經由這種創造的先知先覺所發明創造的。

再談到思想的出路問題，雖然其直接的目的不是實用，但是，卻是在人生觀中建立知識的基礎，在「知所先後」的方法中，找出「抉擇」的理由，同時決定價值批判的準則。「三思而後行」提出了「謹慎是德」的提案，但也說出「行」的準確性，是需要「思」作為基礎和指南的。

「思想」使人超乎了禽獸，使人成為萬物之靈；創造了人類的歷史文化；並且，很清楚地告訴人，除了物質性的肉體之外，還有精神的存在；除了模仿之外，還會創造；除了「知」之外還有「行」，還有「信」。

人類透過思想，會為自己的未來設計，會突破空間的極限，走向無限；會衝破時間的束縛，走向永恆；在無限和永恆的相遇下，人性要進入神性，變成超人。

◎第三部分　當代意義

「思想」在當代的發展，似乎已超出了「理知」的範圍，而進入到「抉擇」的階段；就單以前面的「類比」來說，禽獸世界有競爭，也有仁愛，人性應該以哪一種典範作為生活的模型？人類的社會是由自然世界所產生的，或至少是從自然界的事物改造而成的，是否自然現象就是人文世界所當仿效的？

人與人之間的關係要「仁愛」？或是要「鬥爭」？這已是人類面臨的最大問題，似乎已經無法用說理的方法，把它釐清，而應當用抉擇的方法。

而抉擇不靠靈活的頭腦，而靠豐饒的心靈！

當前人類所面臨的重大課題是：如何使自己的心靈富饒，好來接受各種人生觀的挑戰？

可是，當前的社會似乎對傳統的人格修成，沒有多大興趣，而把大多數的精力，放在磨練銳敏的頭腦上。學者對自身超越的可能性，似乎遠比不上爭取諾貝爾獎的努力；目前，「智者就是善人」的定義似乎早已不太適用。原來「知即德」的斷言早已被「知識即權力」所取代。

這是第一點。

第二點，許多「現代化」的學者，開始用腦筋，設法逃避問題，用「價值中立」，或「科學至上」的口號，對哲學中極切身的問題儘量不談，也不讓別人談；一提到倫理道德或宗教問題，就扣以「落後」的帽子；而在出空哲學，挖去思想以及抉擇的根之同時，卻讓科技無限制地發展下去；如此，正如季辛吉所揚言的：「美國已擁有足以摧毀全世界的核子武器」的科技發展，但是，哲學方面還沒有出現一位「親善大使」，能夠說出：「我們已經有了豐饒的心靈，絕對可以保住這個世界，使它不至於受到核子武器的攻擊。」

哲學「思想」所陶冶的心靈，在目前似乎要比訓練一批科技人才更為重要。第三點，正如人性是整體的，它的思想也是整體的，包含了對真、善、美、聖的追求；因此，在人文世界中，各方面的學問，都應有均衡的發展，無論知識、倫理、藝術、宗教，都得面面兼顧。在顧此失彼，甚至厚此薄彼的情況下，都會造成畸形。

頭腦發達而心靈空虛的人，正如一部馬力很大，方向盤不穩的摩托車一般；前者對社會有害無益，後者則會導致更慘重的車禍。

人性需要仁愛，社會需要和平；人生需充滿真、善、美、聖，社會需充滿幸福、快樂。因為我們不同意鬥爭的人生觀，也不贊成你爭我奪的社會制度，因而我們主張發展思想，在思想中創造富饒的心靈；並擁護有豐饒心靈的人來領導人類，來領導社會，走向天下為公、世界大同的人生目的。

但願每個人都能用愛心去思想，去為世界、為人類創造安和樂利的社會。

第四講

存在

在上一講「思想」中，我們窺探了人性的認知能力，以及經由這認知天分而知物、知人、知天；並且，更主要的，是「人」藉著自身「思想」的認知主體之外，還有道德主體，因而，人性不但能透過「知」而把握外在世界的存在，而且，能夠透過「行」而超越，提升自己的存在，使自己成為「智者」與「聖人」。

在今天的講題裡，我們特別討論思想的對象——存在的問題。首先我們要談及的，就是從思想到存在的中間關係；我們試就最簡單的比方來討論一下：我面前現在有張桌子，我看見它，摸到它，感受到它的存在，內心也確認它的存在事實；在我的腦筋中，有它的印象。可是，第一個問題就是，我腦筋中的「桌子」究竟與在我面前的這張「桌子」有什麼關係？顯然的，在我面前的這張桌子有長、闊、高的積，有顏色，有重量，佔著一定的時空，其整體由許多部分構成。在我腦筋中的桌子呢？它首先沒有積，不佔特定的時空，也可以不涉及顏色，和不講究重量，甚至用不著談論它的部分。更進一步，如果我面前的這張桌子有一天損壞了，被火燒了，不存在了，但是，在我的思想中卻仍然存在著這張桌子的印象，我仍在懷念它。這麼一來，我思想中的「桌子」似乎就並不等於在我面前的「桌子」。

從這種思考的事實，我們會發覺「思想」與「存在」之間確實有相當大的鴻溝：思想中的「桌子」與外在世界中的「桌子」並不一樣。如此，人類站在天和地之間，站在各種存在事物之前，就應當設計，如何填滿這思想與存在間的鴻溝，如何用思想去把握存在。

哲學中「知識論」的誕生，就是人類在思想上的偉大設計。無論中國的「格物致知」，或是西洋的「邏輯」，都是在設法把握事物的真象，在自身的思想中，把握住外在世界的存在奧祕。

現在，我們試就人類在把握存在的設計中，分成三部分來探討。

第一部分　史的發展

哲學的面向在決定著對存在的體認，人類在原始時代，首先所著重的是生存的問題，在生活必需充實之後，才談到娛樂的設計；形而下的需要滿足之後，才有形而上思考的發展；思想把握存在的設計，原也就不在於「為思想而思想」的空洞法則，而是在思想中，訂立了方向與目的，是為生活而思想，為提高自身的存在而思想。

這種思考的對象訂立，也就決定著「知物」的重心，或是把重心放在「知人」或「知天」的層次上。在這方面，中、西哲學在史的發展中，都有不同的看法和作法。

第一章 中國部分

中國哲學在開創時期，尤其殷商甲骨文所展示的宗教觀，所關心的問題，並不是客觀宇宙存在的問題，而是反過來，先就在人性的完美過程中，發展出一套「動態」的宇宙體系。在這種「動」的宇宙體系中，物質世界所顯示的種種現象，都只在啟示著人類行為以及繼此行為後的凶吉禍福：「天垂象，聖人則之」的描述，就是指出中國早期思想中，對宇宙的整體性的體認，以及在這整體存在中，「天」可以透過「物」的次序，啟示「人」類，領導人類在思言行為上的抉擇方向。先秦時代所關心的，無論是道家的關心自然，或是儒家所著重的人際關係，其實都是在關心人類，關心「個人」的凶吉禍福，關心「群體」的前途。「止於至善」的設計，都在使「個人」成為君子和聖人，都在使「人類」達到天下平的理想社會。

「存在」是整體的，但這整體的中心是「人」。「人」生存在宇宙中，如何頂天立地，便是中國古代哲學的對象，也就是倫理道德的「存在」，才是先秦哲學所關心的課題。

可是，倫理道德並不是靜止的，而是在理想中的一種超越的行為和向上的動；於是，從《易經》開始的宇宙論，也就成為「生生不息」的原理原則。

從宇宙的「生」，到人性的「行」，形成了「天人合一」的哲學構想，也就成為中國哲學對「存在」的根本體認。

平面的、靜態的、完全自然科學式的哲學，在中國思想傳統中是沒有的。

以真、假、對、錯的尺度衡量存在的開始，是秦火之後漢以下諸朝代，在考據史書時所用的方式，同時，也在「物理」的體認中，發展了「煉丹」的功夫；隨著而來的文化末流，看風水、算命，都是假借宇宙物象，來探索人類命運的行為。

秦漢的人生被局限在今生今世的時空中，無法擺脫生命具體的束縛；佛學傳入中國，注入了來生來世以及前生前世的信念，終又突破了時空的束縛，而銜接了先秦的「不朽」概念。立德、立功、立言的精神永恆，才是人性延續的真諦，並非如秦始皇、漢武帝等人所以為的，肉體的不死不滅。

在佛學的研究和發揚下，「真如」的體認，是要透過並超越一切色相界才能有的真實，並且是超越了時間的永恆，以及超乎了空間的無限。可是，在另一方面，小乘的出世思想，卻由中國儒家的入世精神所消化並吸收，而提升並超度了天地萬物，使色相界也分受了佛性，而整體宇宙都在超度之行動中。從「人皆有佛性」，變成「一切皆有佛性」的理念中。

尤其到了宋明理學時代，由於《易經》的再探討、再研究，而把天地萬物的存在與心靈精神的存在，都合一在人的思想中。「心外無物」的表現，並不是西洋唯心論的一般見解，而是心物合一的體認，以及指出心物合一之處的理論表現。

直到宋明，中國哲學對「存在」的體認，都是不偏不倚地在心和物之間，在天與人之間，在天與物之間。當代中國在西化洪流中，由於士大夫對傳統文化的懷疑，而給予唯物實證等西方學說一種機會，「賽先生」的提倡，漸漸把屬於心靈的、屬於精神的方面忽略，而轉向具體的物質世界；在人性的能力中，漸漸以實證主義的「言之有物」的模仿本事，取代了人性創造天分的事實。

今天，中國哲學界所遭遇的難題，就是衝不破時空的極限，而被實證實用功利唯物等思想所束縛；舉凡倫理道德的、藝術的、宗教的，都在遭到無情和冷落；大有「自然科學」所提供出來的存在，才是真實的存在傾向。

第二章　西洋部分

西洋航海與捕魚的生活環境，催生出他們對自然世界的體認和把握；從先蘇期的唯物論開始，經由亞里士多德的物理學，再到十九世紀的唯物、實證，都在說明洋人在「格物」的情事上，有特殊的研究。

就連在柏拉圖的體系中，真實的存在固然被安置在精神領域的觀念界，但是，理想國的建立，卻仍然是在感官世界中。西洋存在的模式，自柏氏的二元開始，就奠定了互不相通二元對立：觀念與感官，靈與肉，此世與彼岸，今生與來世，心與物。

尤其由於心與物的二元存在，使西洋哲學早期有「共相之爭」，後期有「實體之爭」的知識論戰。

知識體系的發展，在在都關心著是否「實有其事」，是否「言之有物」。從蘇格拉底的抽象方法開始，催生了概念的獲得和應用：由個別的、單獨的、具體的事物，經由理知的抽象，而獲得共相的、抽象的、普遍的概念；就如從張三、李四、王五等人，抽出「人」的共相；然後再由「人」與「禽獸」的概念，再往上抽出「動物」……如此一直往上推，終究獲得「物」、「存在」的「概念的概念」，以及「存在本身」的知識終極，以及存在的終極。如此，存在的階層形成了立體的架構，而思想作用畢竟是宇宙存在的把握者。

可是，「共相之爭」所遭遇到的難題，則是概念與事物之間的關係，在層層抽象作用中，是否早已使思想變成了空想？或者，像唯實論的想法，共相先於事物存在？抑或，如唯名論所主張的，事物先於共相？抑是應該更現實點來說：共相根本就在事物當中？

還有，「實體之爭」原本始自知識論，但是卻指向了存在的階層。中世「共相之爭」中，宇宙仍然保有其立體重疊性；但是，在實體之爭中，只有主體與客體平面的擺設；而在這平面的宇宙觀中，體、性、相的劃分，根本上就無法把握住事物存在的真實性；尤其是經驗論者所提出的解決方案，到最後必然走向虛無主義的懷抱，而否定形而上的可能性；休謨的游離的印象，就在根本上否定了一切存在的實體。

知識的探討，畢竟局限在文字或語言的遊戲中，除非把知識作為工具，去設計豐富的人生。西洋「實體之爭」在康德與德國觀念論的主觀價值之下，終於獲得了某種程度的解答。「人」的主體才是一切問題的中心，哲學原就是「人」所發明，也單為「人」而發明。西洋道德、藝術、宗教的體認，說明了世界真象，不但由認知主體去把握，而在認識主體之外，尚有道德主體，尚有「整體的人」。

於是，雖然工業革命及由工業革命帶來的資本主義社會，曾經誤認物質層次為唯一真實的存在，那就是十九世紀後半期的唯物、實證、實用、功利、進化、共產等邪說；但是，二十世紀的覺醒，卻也帶來了「存在主義」的提倡與發展。

把個人的感受也作為哲學尋找存在的通路，是存在主義哲學的最大貢獻；宇宙固然真實，但仍然要用人的心靈去把握、去體認；上帝雖然無法證明，但人性內在的宗教情操，卻在追求祂的存在與慈悲；人與人之間雖然為了現實會有許許多多的衝突，但是，仁愛的本性終會由於人性的自覺，而以仁愛代替出賣，以互助代替競爭。

西洋存在主義在消極上，把握了人性在感性生活上的各種情緒，諸如矛盾、荒謬、苦悶、掛慮等等；但是，在積極的自覺上，卻道出了「存在先於本質」的原理，希冀在工業社會群體生活中，仍然尋獲個人獨立的人格。以「人」的存在作中心，用心靈的體驗作為方法，去認識世界，去愛人類，去敬拜神，是存在主義哲學在西洋二十世紀的思潮中，所創建的哲學體系。在這體系中，一切都是動態的，都從存在走向本質的建立。

但是，也就在存在主義動態的、包羅天、人、物的學說的同時，也有一些十九世紀遺留下來的學說，仍然把宇宙和人生局限到平面的、靜態的數理層次中；那就是繼唯名論和經驗主義而來的邏輯實證論，還有那些站在心理主義以及唯物實證的立場，而導引出哲學的行為主義的主張和看法。前者否定著形而上的可能性，後者否定著人性的自由。形上學的可能性被否定之後，宇宙的存在馬上失去了支持和基礎；自由被否定之後，人的存在也就跟著無依無靠。

宇宙與人的消失，只剩下數理的一些公式的存在，豈不正是休謨的游離印象的學說翻版？

第二部分　內在涵義

我們在中、西哲學對「存在」意義的探討中，很清楚地發現，最先有動態的以及靜態的立場，來把握外在世界的種種。在動態的宇宙探討中，一切都在「變」，但是都在發展和進步之中變，都在向著「止於至善」的理想變。而在靜態的宇宙觀中，知性的把握成了中心課題，分析和歸納的方法是唯一可用的工具；而且，在平面的問題展開的探討中，知識與主體本身的關係並不大，因而雖然有知識的關心，但卻沒有存在的掛慮。動態的宇宙是立體的，包含了知識的真、倫理的善、藝術的美、宗教的神聖；而人性生存在這個立體的宇宙中，不斷地以自身的修養，一步步往上提升，而不安息在真、善、美、聖之中，就不停止活動。反過來，靜態的宇宙是平面的，只承認知識真假對錯的層次，而人生在宇宙之中，也只是認知的主體；其他善、美、聖的層次都遭到冷落和否定。因此，在靜態的宇宙觀中，一切的認知尺度都是數理的公式，自然科學的成果是唯一的依據，道德、藝術、宗教的人生是沒有意義的。

在另一方面，無論西洋的知識方式也好，也無論是中國動態的人生觀也好，其實都會在「存在」的課題上，遭遇到極限；「知」的極限也就是在找到「有」以及認定「存有學」（本體論）為最終的哲學之「體」時，卻遇上了「無」的全盤否定。「有」與「無」的對立以及互不相容，形成「存在」的致命打擊；「有」「無」之間的通路因而也就成為形上學中亟待解決的課題。

當然，站在純邏輯思考的立場看來，「有」不會成為「無」，從「無」亦不能生「有」；這種平面的、靜態的觀察，以及思想法則中的同一律（存在等於存在，不存在等於不存在）、矛盾律（存在等於不存在，不存在等於存在）、排中律（存在同時等於存在及不存在，不存在同時等於不存在與存在），都在懷疑和忽視運動變化的事實，都不自覺到，宇宙整體是動態的、立體的。

待亞里士多德出來，以「可能性」的潛能，安置在「有」和「無」之間之後，「有」與「無」才開始溝通；「無」可以經由可能性，「生」出「有」來；「有」亦可以經由可能性，而化作「無」。在動態的宇宙觀察中，各種現實的生成變化，因而才有了解答。

中世繼承了亞氏思想，不斷地發展了「分受」和「類比」概念，而把原來在運動變化中的世界萬象，架構了天、人、物的立體重疊宇宙。

西洋「無」概念的發展，在傳統上只不過是本體論上對「有」概念的一種補遺；無論是古希臘的邏輯運用，或是近代辯證法的理解，「無」都沒有積極的意義。直至存在哲學個人存在的體驗，才把心靈的「空無感」看成人生哲學中富有積極意義的東西；但是，卻已經超越了本體的嘗試，而進入到心靈哲學中。

在中國哲學中的「無」、「空」概念，雖然到最後被賦予了形而上的意義，與「有」以及「真如」相對；可是，在其原始意義中，卻是導源於生活的感受：先是道家的「無為」人生觀，藉以拯救當時功名利祿的追求，以及人文世界對「禮」的繁文縟節。從人生的「無為」到宇宙的「無」的實體，是屬於主體體驗的成果。事實上，道家的「無為」

才是人生的最高「有為」，而且，其本體的「無」卻是最高的「有」。

「無」與「無為」是中國道家人生哲學中，自身存在的保障與根本，它不像存在主義消極的「空無」感受，也更不像西洋傳統中的否定概念。「心齋」和「坐忘」是積極的修身行為，其結果是「同於大通」，是「物我合一」的境界，與同時代的儒家透過「有」與「有為」，而達到「天人合一」的境界完全相同。

先秦的「存在」概念，無論站在哪一個角度去看，都是整體的，天、地、人都消融在一起，成為一個渾然的整體。儒與道在文字上用法的不同，只是在修為的方式上略有差別而已。

後來，佛學的「空」和「真如」的對立，傳入了中國，其「空」的概念倒真的有消極的意義，至少像西方畢達哥拉斯學派一般，否定感官世界的真實存在，成為一種出世的宗教模式。但是，這種「空」的本體概念，在中國立刻為儒、道的人生所超度，而變成大乘佛法的「修」，使自己的心靈對外在世界的排拒作用，作為「空」的心態來研究。但是，其目的並非排拒「存在」，而是相反，希望從心靈對外在世界的束縛解脫，而進入涅槃的境界。

無論是以「無」來代替「有」，或是以「空」來表示「實」，目的都是在使「個人」

的存在超度，而達到永恆的、不死不滅的境界。

除了上面提及的二種「存在」探討之外，還有一種對立的模式，就是作為知識「對象」的存在，以及作為自身「體驗」的存在。通常而論，作為知識對象的研究，總會墮入於平面的、靜態的宇宙和人生之中，西洋近代的理性主義和經驗主義所走的路線，就陷入了這種迷失中。當然，站在知識立場，並不是絕對無法感受到動態的和立體的存在，像康德以及德國觀念論，其實都在思想架構中，認清了存在的階層結構；但是，問題就在於，西洋十九世紀後半期所產生的辯證，不也同樣可以為唯物、實證的理論辯護？

可是，在自身體驗的存在當中，就不可能同情於平面的、靜態的宇宙觀。一個人生存在天地之間，生存在人際關係之間，一定自覺到理知的極限，而需要用「情」去補足「理」，用「法」去控制「情」；他也必然自覺到，客觀的「真」固然光輝燦爛，但是卻需要「善」和「美」去裝飾，才在光明中加上溫暖；而人生是同時需要光和熱的。

「存在」的課題，可以用「範疇」的方式去理解，以實體和屬性的劃分，來解釋各種存在的原義；也可以用體、性、相的三分法，去理解心、物二元的真象；在這兩種討論過程中，可以當作研究自然科學的方式，站在完全客觀的立場，去思辨外在世界的現實。但是，若把課題推向人生，則許多考察的方法和內容，都有很大的改觀；因為人性和物性，甚至和獸性最大的差別，是因為人性會發展會進步；而進步的意義就在於為未來「設計」，把自己的現實超度到理想的境界中。

哲學的成就，也就在於利用了自身的所有可能性，漸漸超離現實的束縛，而利用自身天生的創造能力，達到自身存在的理想高峰。「天」的存在，「物」的存在，「人」的存在，都是在這種「完滿自身」的努力中，成為同舟共濟、互相補足的東西。用物、愛人、敬天的各種自然科學法則、倫理規範、宗教情操，都在使「個人」在完成自我的道途中，不斷地邁向成功和充實。因此，無論儒家提出的「天人合一」，或是道家的「物我相忘」，甚至佛家的「涅槃」，其目的都是要每個人完成自我。

「自我」的存在，無論是獨立人格的「仁」，或是與天地萬物合一的「道」，或者是超脫一切束縛的「涅槃」，都是哲學的重心，亦都是我們在哲學工作上，所應注意和關心的課題。

任何有意拆散這「人」、「物」、「神」三者關係的思想，任何走離「完成自我」的哲學體系，任何想用單方面的探討，就想概括全稱的理論，到最後都會落空。唯有站在整體的立場，去看整體的宇宙和整體的人生，才能獲得「存在」的真象，也才能探索到「存在」的奧祕。

「存在」的涵義包括了一切「有」，而且同時包容了所有「無」；因為在「道」的境界中，「以道觀之」的立場看來，並沒有肯定和否定的二元劃分；所有語言上的肯定或否定，都不過是方便而已；而事實上，應該是「道可道，非常道」的說法，來形容宇宙和人生的終極。

◎第三部分　當代意義

學術發展到今天，尤其是存在主義學者，在把他們內心的感受說出之後，總是覺得人的存在在受環境的壓迫，人的尊嚴和價值已經一天天每況愈下，不再受到足夠的重視和關心。汎科學主義者配合了實證唯物的思想，儘量設法以自然主義的信念，來探討一切問題。而這種汎科學主義的出發點，根本上就只承認人的感性作用，對道德主體的體認抱有懷疑的態度，而對藝術和宗教就只有侮蔑和忽視了。

自然科學的發展，大開了人的眼界，使「人與物」之間的關係日趨明朗，而且，物為人用的事實固然非常清晰，但是，卻也包含著無數的「役於物」的危機；大有「人為財死」的趨勢。就在哲學的智慧中，也夾雜著「純知識」的遊戲，在有意無意地揚棄哲學中的「宇宙」問題，以及「人生」問題；而專注重「知識」的探討；甚至，也不願進入知識的堂奧，而徘徊在邏輯真假對錯的探討中，以分析語言的方式，永遠把自己局限在哲學「入門」的地方。或者，進步一點的人，就利用語言的分析，直接進入人生哲學的倫理道德層次，而其間不經過形而上的探討；如此而造成沒有價值體系，沒有絕對體驗的倫理規範。當然，站在價值中立的自然科學系統中來看萬物，一切當然成了靜態的、平面的。人生問題也就只能在數理法則中去求解答。

可是，人生除了數理之外，還有無限廣大的領域，他在探討自身的命運時，他在為自己的未來設計時，他在面對各種荒謬和矛盾需要利用自己的自由去做抉擇時，數理的公式都無法幫上忙。正如維根什坦完全相信，數理符號可代表所有語言的表現，但是，某人只用極簡單的一句話「我愛你」，就把維氏難倒。「愛」在人生中佔了多大的分量，大家都會感覺到，但是，數理公式中卻沒有它存在的餘地。

哲學是「人」的哲學，而人生是多采多姿的，而且是活動多變的；哲學在探討「人」的存在時，也就唯有人生才是尺度。這裡說的人生，是包含了現實和理想，時間和永恆，空間和無限，精神和物質；它當然需要自然科學的發展，但卻更需要道德規範、藝術才情、宗教情操。

哲學家的任務不同於其他學問家，也就在這裡。就如「能不能」做原子彈是科學家的問題，但是，「應不應該」做原子彈，做了之後「可以不可以」用，則是哲學家的問題。

然而，一個人生活在世界上，可以不是科學家，不去學習做原子彈的技術；他總不能不愛智慧，不是哲學家呀！

一個人在肉體生活上，因了某種原因，可以少一隻手或缺一條腿而生活，但是，總不能在精神生活上也缺少一「部分」。

哲學是整體的，要用「一切去衡量一切」，也就因此，「存在」在智慧的眼光之下，應該包含了一切。在宇宙的存在中，包含了物、人、天；在人生的存在中，概括了今生與來世。

人生的奧祕遠比物質的奧祕多而且深；人類在地球上的歲月的確已經很久了，對物質世界的認識也確實多采多姿了，征服太空的計畫也正在「發展」中；但是，人文科學的知識仍然在老遠的落後。「人生意義」的課題早已提出，可是仍懸在那兒，數千年未決。人生如果無法肯定自己的意義，又怎麼知道自己的價值？又如何會善度一生？難怪二十世紀獲得諾貝爾文學獎的人士，不是生活在荒謬中（沙特），就是用自殺來結束自己的存在（海明威、川端康成）；文學家如果都跟隨莎士比亞式的悲劇，如何能逃離自殺的厄運呢？

二十世紀的許多文學作品，到達了人生的意識層次，當然要比一些自然科學家停留在物質層面強得多；但是，若無法從感情的意識，走向精神的智慧，仍然無法領會人生的完全意義，和認定人生的價值。再則，縱使達到了精神層面，但若否定倫理和宗教，仍然解決不了自身的問題，就如尼采的精神設計，不能說是不高明，但是仍然難逃發瘋的厄運。

精神生活的高峰寓於宗教情操的神聖之中；無論東西方的宗教，都在賜給人心靈的平安和幸福，都在教人如何「用物」、「愛人」、「敬天」；亦都在啟示出「真如」境界的面目，以及達到此境界的方法。

物質生活愈進步，人性就愈感到精神生活的必須；自然科學越發展，殺人武器也越發達，唯有人透過哲學的全面智慧，才有希望保障人類的存在、世界的存在；保障存在之後，才談得上再發展、再進步。

哲學界被潛進了單以物質層次研究學術的歪風，是哲學的不幸，也是世界的不幸，更是人類的不幸。除非人性在社會繁榮、物質高峰的今日能夠覺醒，否則站在唯物共產面前，站在核子武器競賽之前，不知道還要流多少血汗和淚水，更不知道在流盡鮮血，捨去性命之後，是否仍能挽回人生的意義，而不至於陷入萬劫不復的悲慘命運。

在生命的緊要關頭中，許多必須的東西，都會顯得不必須；但是，人生總不能不活下去，而在活下去的抉擇之中，知人、知物、知天是唯一的工具，承認人性的各種能力和極限，也是唯一可用的心態；接受生老病死的事實以及對來生的寄望，也是人生在世擇善避惡的最好動機。

因此，「面對現實」的意義，在人生哲學中，就是把握現實，追求理想；而在理想中，永恆和無限的生命的嚮往才是唯一的真實存在。

面對死亡，靈魂不朽的問題才會如實地展示出來，人死之後，究竟有無「來生」，是「存在」與否的課題，也是「全有」和「全無」的抉擇問題。中國當代二位名人，就曾在這方面有過對話。于斌是天主教的樞機主教，相信人死後有來生；胡適是無神論者，不相信死後的生命。于樞機對胡適說過如下的話：來生來世不然就「有」，不然就「無」，沒有第三種可能。我是信其有，您卻信其無。假若真的「無」，您我都無所勝負。但若是「有」，您就輸定了。總之，您只有輸的可能性，而我卻有贏的可能性！

第五講

科學

曾經有一度在報章雜誌上，討論過不少關於「科學」一詞的文章。其實，就在其洋文的字源上講，科學即是「學問」(Scientia, Science)，而這學問在開始時，無論中西，都包含了知物、知人、知天的三個層次；後來才逐漸地演變到今天的「自然科學」、「人文科學」、「社會科學」等分類。

我國自從請西洋的「賽」先生東來的口號叫出來之後，就一直把「科學」局限在「自然科學」的範圍中，一提「科學」就必會限定在「知物」的層次；一提「科學發達」，也就單單指謂「物質建設」的進步。

「學問」無論是概括了「自然」、「人文」、「社會」三方面的，或是只在「自然科學」上發揮其潛力，但是，其哲學上的意義，都永遠是在「求真」；「真理」的追求和尋獲，因而也是「學問」的根本目的；「科學求真」的態度與肯定，因而也就成了定案。

但是，所謂科學的「學問」，尤其在上一講中提到的「存在」問題，除了「真」之外，尚有「善」、「美」、「聖」的階層；求真的學問，尤其在自然科學的領域內，只是探討著「人與物」的關係；至於「人與人」的關係，則需要倫理所探求的「善」來處理；同樣，「人與自己」關係主觀的「美」，以及「人與神」的關係的「聖」，則有不同的客體知識。

因此，在「學問」的探討上，作為學問主體的「人」，不但是認知的主體，而且亦是道德的主體，藝術的主體，宗教的主體。

自然科學的學問，當然特別看重「人與物」的關係，而在科學哲學中，問及人如何「知物」、「御物」、「用物」；換句話說，就是人文世界如何以及為什麼從自然世界中，脫胎而出。在哲學的探討中，「物」不可能單獨存在，而是在「人與物」的關係中存在；因此，自然科學的發展亦是以「人」為中心，而問及人文世界中各種物質建設的意義與價值。

在文化發展史中，開始時有統稱「哲學」的學問，其他所有學識，是以後才漸漸地脫離哲學而獨立存在的。關於這點，最清晰的證據便是中西哲學史中，學者在古代所學的科目：在中國古代，學者必須學六藝：禮、樂、射、御、書、數；而在西洋，一直到中世，還是七藝的功課：數學、音樂、幾何、天文、文法、修辭、辯證。起初，學問包羅萬象，學者亦就知道上天下地的諸般事情。

就在這種看重「一統」以及「整體」的學問觀點下，對單純的自然科學，尤其技術的學科，就沒有很大的興趣，就像畢達哥拉斯所說的：「我一點技術都不會，只是愛智而已。」這種「是哲學家」，但是「一點技術都不懂」，形成了學術界輕重先後的學術次序。

也就因此，尤其是在西洋，技術的部門就漸漸地脫離哲學而獨立存在：最先是醫學，然後是神學，再後是自然科學，再後是社會科學；到目前許多人文科學的課程也脫離哲學而獨立存在了。但是，當代學術中，仍然有許多跡象在顯示著昔日的「整體性」，以及隸屬於哲學的原始意義，就如西方大學中的「哲學院」，實在包括了哲學、語文、歷史、考古等，等於我國的文學院；再如其他學院的一些博士學位，如物理博士等，亦稱 **Ph. D.**（哲學博士）。

當然，在人性的物質、生命、意識、精神四層次中，人類總是站在精神的層面去看宇宙和人生的客體對象；但是由於人類的地緣和民族的不同，而對真、善、美、聖層次的重點也就相異。尤其在目前的各種現象看來，西洋在科技方面比較有成就，而中國的傳統文化，則在倫理之「善」課題中最為特出，至於對藝術的「美」，則中西各有千秋，印度與希伯來則對宗教的神「聖」有非常深刻的探討。

雖然，各民族各文化體系，有其特殊的貢獻，但是，在自然科學上，即是說，在「人與物」的關係上，都亦各有其成就；因為，一總學問都在整體性內有其關連性。像古代埃及，因了對「死亡」問題的宗教式答案，而催生了並發展了非常高度的科學技術。只要我們今天去參觀一下金字塔外在的雄偉，以及內部的精密結構，只要我們見過木乃伊的布料，自然就會驚嘆四五千年之前的埃及人，在科技上的成就。印度與中國的廟堂，其藝術的高雅，絕非技術低下的民族可以發展出來的。

我們在了解了以上的情形之後，就可著手探討今天的主題：求真的「科學」，或者更好說，討論哲學中的（學問中的）「人與物」的關係。

第一部分　史的發展

人類有多長的歷史，科學便有多長的歷史；人生在自然世界上，把自然世界改造成人文世界，使人類的精神，注入到物質之中，使所有的工具和成品，都是人性精神內在於物質的表徵。人類在為了生活的必需和娛樂，無論是物質層面的，或是精神層次的，都能夠利用物質，駕御物質，而使物質為人所用，來滿足人生的必需和娛樂。

因為以「人」為中心，因此，對人生的看法不同，亦會影響到對「物」的看法和作法，也就因此而有不同的科學哲學發展史。我們在這裡，分中西兩方面來探討。

第一章　中國部分

從「格物致知」的原理開始，一直到「厚生」的目的闡明，就開始了「人與物」的關係探究。李約瑟的《中國科學與文明》大著，其中指出了許許多多中國歷來科技的成果；就在我們小學讀本中，也知道中國發明了火藥、指南針、印刷術；還有，在明末清初時，西方耶穌會傳教士來華，帶來了西方的天文地理學識，但在那時，中國的天文地理比之於西方並沒有遜色多少，至少當時天文臺長楊光先，還可以與當時西方傳教士一較長短，比賽算出日蝕的時刻。

中國哲學的發展，一開始時就有兩個面向：一是面對自然，設法與自然和諧，生活在恬靜的境界之中；一是面對同類，設法以仁愛作為做人處事的準則。前者就是道家的體系，後者則是儒家的思想。

就在道家的「和諧」理想中，對自然的佔有慾或是駕御慾，本來就不太強烈；在為了精神生活的滿足前提下，生活儘量淡泊，也因此大量改造自然以適應人生的事情，至少在開始的時候，並沒有受到很大的鼓勵。

但是在另一方面，儒家在積極的人生上，雖不見得崇尚奢侈，但是，卻要「厚生」，執政者都要使百姓過著舒適的生活，而一方面與自然和諧，另方面卻也儘量利用自然的資源，來使民生樂利。我們只要想一想「先民自由歌」的「日出而作，日入而息……」的心境，就可知道，當時需求的「風調雨順」以及「國泰民安」相互間的關係了。

在農業社會中的「春耕夏種秋收冬藏」，就是「人與物」最重要的關係，其中也隱含了生活的必需與娛樂的根本模式。就在最純樸的農耕社會中，其生活方式也要達到藝術的境界，在生活中陶冶性情；至於其耕作的方法及成果，通常是放在次要的地位。我們在這裡試想一下目前的國畫，還是在「人與自然」的關係中，很難找到汽車或高樓大廈式的國畫，不能不說是哲學的看法不同，所引起的「人與物」關係的不同。

當然，萬里長城的建築，或是運河的開鑿，都是非常浩大的工程，但是，其根本動機還是在「厚生」的原則下進行的。

尤其在生活中的村莊、城市建設，小而從各種器皿，大而從各種建築，大都在「美化自然」的原則下進行，而不是在「破壞自然」的雄心中定位。我們在宗教性的藝術中，看得非常清楚，廟堂以及佛塔所在地，都在幽雅的山林中出現，那種「萬綠叢中一點紅」

的美景，在其他國家民族中並不多見。

中國古代的天文，雖然在天體運行中，發展了天干地支的曆法，既著意到太陽的運轉，又關心到月亮的變化；也因此，中國曆法中陰陽兼顧，而終能在明末清初，與西洋的東西兩相比較之下，並駕齊驅。但是，「天垂象，聖人則之」的說法，仍然是觀察的準則。在仰觀天象，俯察地理之後，做人的目的才是探討的主題。

地理學雖然有「風水」的迷惑，但亦可以擺脫畫符煉丹的文化末流的影響，而走向「美」的居所設計。

就在秦漢之後的煉丹，在科學的幫助上也可說給了不少藥物的啟示，但其本身的哲學意義都在於：把握物性，而相信人性與物性中共同的部分，而且，長生不老藥的追求，何況還啟示了人性，衝破時間走向永恆的特性呢！

認識物性，藉以成全人性，不但中國畫符煉丹時的意義如此，就是西洋羅馬以來的煉金，亦莫不如此。

當然，在中國歷史演變中，很早就開始了文武之分，士農工商之分，於是亦就在精神生活的重心中，對物質單方面的發展，總是有所限制。我國的傳統，不但重文輕武，而且後來亦重士，而輕其他職業；這當然與高官厚祿有關，但是，主要的還是在文化層次上的「光耀門楣」作為最終的原因。

近百年來，就是因為有些士大夫階級，以為中國這種傳統的哲學體系，「人際關係」太重，而缺少了「人與物」之間的「科學」，因而覺得應該向西洋學習，發展出船堅砲利，發展物質科學，因而也就高喊「賽先生」。也就因此，有人站在自然科學技術立場，要「打倒孔家店」，要反對一切傳統，要「全盤西化」；並且，哲學這門整體的學問也就遭受到忽視，甚至侮蔑。

哲學本來就以「一切去衡量一切」，是整體性的學問總匯，在主體上包括了物質、生命、意識、精神各種層次，但是卻以精神層次去概括其他層面；在客體上則包含了真、善、美、聖各階層；中國哲學的特色，在於以倫理道德的「善」作中心，以道德主體去看萬事萬物，使人要「役物」，而不「役於物」，發展一切都以「道德」為準。關於這點，筆者在西德求學時代，曾經遭遇過下面一件事：

某年暑假，西德政府照例透過教育當局舉辦同學暑期活動，在一次中、德同學文化座談中，辯論了文化根本的問題，中國同學主張中國傳統文化是崇尚和平的，但是部分德國同學都以為共匪的「人民公社」式的鬥爭，才是中國文化一脈相傳的東西。中國同學舉出許多理由說明西洋人在心態上比中華民族好戰，譬如洋人尚稱好戰的領袖為大帝，像亞歷山大大帝、凱撒大帝、拿破崙大帝等；而中國史書都貶斥那些窮兵黷武的帝王。在此時，有位德國同學舉手發言：「你們中國人發明了火藥，難道不證明你們好戰？」但是，討論出來的結果是：中國人固然發明了火藥，卻一直用來做鞭炮，放煙花；並沒有像洋人，今天發明了火藥，明天就用來發明機關槍來殺人。

造火藥是一回事，怎麼用火藥又是另一回事。

以前，國外一直謠傳我製造原子武器，當時蔣院長提出那句「我們有能力做原子彈，但是我們不做！」這正是「役物而不役於物」以及以倫理道德來發展自然科學的中國傳統精神。

第二章　西洋部分

西洋學術從神話系統開始，解釋著宇宙和人生的奧祕，哲學開始時，「太始」問題以及「原質」問題，多少都在「論物理」的原則下進行。無論是柏拉圖的宇宙論設計，或是原始唯物論的提倡，都在開創了二元分立的宇宙觀。在二元宇宙中，相對於中國哲學的圓融以及整體性而言，則在「合」之前，先說「分」；而在「分」之中，先有唯心唯物之爭，後有唯實唯名之爭。這些爭端，配合著西洋海島航海經商文化而帶來的競爭心態，而積極地發展了「爭」的人生觀。

羅馬以來的煉金術，充分地展示了洋人佔有世界的欲望。其殖民與奴隸制度的推廣，完全是把人類「御物」的原理應用到「御人」的事情上。

希臘哲學的發展，無論是亞里士多德的物理哲學，或是其後發展的醫學，都以「人」為中心，而且都為了「人」；「物理學」的最終成果，在於「內在目的性」的發明，而支持了宇宙目的性以及人生的真義；更重要的，是發展了後來足以改掉奴隸與殖民制度的中世基督宗教精神。

西洋自然科學的發展，很主要的關鍵是玻璃的發明，它放大了人類眼睛的視野（顯微鏡），它拉長了眼睛視覺的距離（望遠鏡）；天文與物理的肯定，給西方帶來了工具的革新，但是，在另一方面，卻相對地對傳統的倫理道德，起了不能挽回的懷疑。武器的日新月異，使得哲學在這方面喪失了主動權，人們所關切的，固然是眼見著的即將來臨的毀滅，但是，人性道德總也無法比科技能力搶先一步。

科技的發展，固然使洋人在日常生活的物質享受上，大幅度地提高，但是，更清楚的，生活水準的提高卻不是最明顯的跡象，而絕對清楚的是，白種人開始藉著嶄新的武器，開始侵略整個世界，開始奴役有色人種。自從西洋的工業革命之後，新的機器的發明，在西洋本身帶來了資本主義，而後者所產生的勞資糾紛，催生了唯物共產；在西洋之外的整個世界，創生了奴役和殖民。

西洋十九世紀後半期的諸種罪孽，無論是唯物、實證、實用、功利，又無論是共產、進化，都在否定著人性，違背著人人平等的原則。這誠然是西洋對基督宗教情操忽視之後的效果；而對「物質」的駕御，事實上只是對「權力」的崇尚的結果而已。

唯物的影響所及，表面上看，是物質生活的享受，可是，事實上卻適得其反，主張唯物的國家，多生存在饑寒交迫之中，唯有一方面看重精神生活，同時又著眼於物質科技發展的國度，才有希望提高國民生活的水準。

西洋二十世紀畢竟覺醒了，這在學術機構中的自然科學、人文科學、社會科學三鼎足的措施可以指證；唯有一些開發中的國度，還困守在西洋十九世紀後半期的唯物、實證等學說之中。

第二部分　內在涵義

自然科學的發展，全靠實證方法的運用；人們要用觀察和實驗的方法，在具體事物上，記錄實驗室中得來的成果，使前人的經驗能夠經過累積，而發展成今人的生活方便；在抽象的思考上，則利用歸納和分析，有條有理地斷定物理的真象。這原是「格物窮理」原則的落實。

也就因此，在「人與物」的科學哲學中，追尋出宇宙真象以及人生真象，就成了「實證」哲學體系的原義。尤其二十世紀新興的「生命哲學」，就是利用實證的原則和方法，而衝破了實證主義的藩籬，在物質之中，尤其是在人文世界之中，找到了精神的存在；而精神存在的意義，意味著倫理、藝術、宗教存在的價值。

在實證的觀察原則下，物理的存在，不但如亞里士多德所提出的「運動變化」而已，而是在一般性的變化原則之外，找到「物」的根本。自然科學為了自身的發展，不能不先認識物質的真象，可是，「物」的真象是什麼呢？它不但在石頭、泥土，甚至實驗室中各種人工抽離出來的原素而已；就在它的顯象中，在我們日常生活接觸到的事象中，物質至少有四種不同的存在等級；而每一等級所展示的，又有不同的存在意義，以及存在結構。

在現象界的呈現中，有單純物質的階層，像石頭、沙土等東西，甚至大者如星球，小者如沙粒，都是一種物質；它缺少生命，沒有整體的新陳代謝作用。除了方位的變動，以及質量上的變大變小，分裂和組合之外，就沒有其他的變化可言。

可是，宇宙真象中，卻有比物質高一層的存在，那就是「生物」，是有生命的物質，諸如竹子、樹木、花草等等。這些「物」的變化法則可不同於泥土沙石，除了方位變動之外，尚有內在的新陳代謝作用，而且，其變大變小絕不是外在的分裂和組合，而是經由內部的新陳代謝作用；它的組織，不再是分子的組合，而是纖維系統的連繫。

更上一層是「動物」，不但有神經系統，而且會選擇環境，有顯明的消化器官，有意識，會喜怒哀樂，會自己找尋生存的環境和機會。比起一棵最精密的樹來，最簡單的一條蟲的結構，也成了極大的造化之工。

何況還有萬物之靈的人類呢？人性社會的一切，人文世界的種種，早已用不著在這裡浪費筆墨了。

科學精神在求真，要以觀察入微的方法，認清事物的真象。宇宙的真象，就在於實證方法的運用，也就可以獲得物質、生命、意識、精神四種層次。而且，這四種層次都是真象，而且都「有物質」在伴隨著，但是，從生命的階層起，每一層都在「超」物質；層次越高，超越的事實就越明顯。在人性的物質層次中，肉體屬於物質，由各種物理、生理、心理在控制，可是，它更屬於精神，因為它的行為，是由精神所選定的人生目的在引導。肉體的雙手在自然世界中，創造了人文世界，它譜出了優美的樂章，它畫出了傑出的藝術作品，它發明了工具，做成了現代化的飛機、電腦；人的手不同於猿猴的爪，就是因為人的手是「精神內在於物質」的。

精神的存在，以及精神作用的存在，還有由精神透過物質所創造的人文世界的存在，都是科學實證所應該承認的對象。

除了宇宙真象之外，人生真象就更易於了解：進化是地質學、考古學、進化哲學的事實，但是，由於宇宙四階層真象的闡明，使進化順序為：由物到獸，由獸到人，由人到神。由物到獸，由獸到人，可以是荒蠻的，弱肉強食的；但是，到了精神階段的人之後，就開始了歷史，開始了道德的、藝術的、宗教的社會，而人性在這種社會中，要透過文化去超度自己，透過文明去提高自己的生活。而在任何一種精神生活中，「物質」的層次都只是一種表象，一種工具，其意義都是精神的、超物質的。

科學的內在涵義中，還有一點極值得注意的，那就是站在人性的立場，設法從「物理」的探討，以求找到「天理」，在西洋哲學詞句的表達中，就是從知識論走向形上學。從物理走向天理的道途，在中國古代的「天垂象，聖人則之」，就已經開始了探討。而在西洋亞里士多德「動因」的研究中，從萬事萬物的動，推論出一個「原動不動者」的存在。原來，亦就在科學求真的態度中，可以在人文世界任何一種成品中，找到「果出於因」的因果原則；而且，就在因果法則之中，從物理走向了天理。

用最簡單的比方來說，面前的這張桌子，它的形成至少亦有四種原因。首先，最顯明的，是質料因；桌子總需要用「什麼」材料做成，沒有材料，是不會有桌子存在的。可是，單有材料亦不成，必須有桌子的「模樣」，桌子的「形式」，去界定材料，才能變成一張桌子，這就是「形式因」。但是，形式怎麼會去界定材料呢？還不是因為有木匠在鋸它、在釘它；因而，桌子之形成又必須有「形成因」，由它來使材料依某種形式湊合。最後，問題要涉及到，什麼目的叫木匠去做桌子呢？也就是說，前面的三種原因：質料、形式、形成，都是問及「桌子如何存在」的問題，而今則要根本上問及「桌子為什麼存在」的課題；後者才是桌子存在的真正原因。沒有它，木匠不會去做桌子，不會去選擇桌子的形式，不會去鋸木材，不會去釘木板。

如此，人文世界一切成品都有目的，這目的都是人性以自己為中心，為了生活必需，或者為了生活娛樂而創造出各種東西。現在，哲學的問題並沒有完結，它還要問：整個的人文世界以及自然世界的一切，是如何形成的？為什麼形成的？

這種終極問題的提出，也就是從物理走向天理之途，除非在宇宙和人生之外去找到最終的目的因，宇宙和人生的問題就無法獲得根本的解決。正如一張桌子，除非找到了它的目的因，否則就無法解釋它為什麼存在的理由一般。一切現象的「如此這般」的解釋，都將停留在物理層面，唯有「為什麼」的問題，才能使答案接近真象，而發揮真正的科學精神。

在「天理」的體認中，人生的道德、藝術、宗教，才有立足的基礎，可是，「天理」的認定，卻取材於「物理」的把握，這原是知識的一大奧祕。這種縱的奧祕，和物理本身的橫的奇蹟，交織成了人性生存在宇宙中「驚奇」的藍圖。物理本身的架構，像「水」的分子，竟然是由氧和氫構成：水的性質是滅火，可是氫能自燃，而氧能助燃；質變的原理委實超乎了人性的智慧；還有，像「食鹽」，原是人生必需品，但是其結構卻是由二種毒素合成：氯和鈉。

人文世界中，早已沒有純物質東西的存在，宇宙中由於人性的降臨，使一切物質都多少蒙上了人性，而成為精神內存於物質的真象；希臘古代哲學所倡導的「一切都充滿神明」，在科學精神下，反而得到了充分的支持。就如我手中的這支鋼筆，它已不再是「物質」，而是「精神所控制著的物質」。週末假日上阿里山，在一棵古樹上刻有一支箭穿過了兩顆心，而下面刻著兩個名字，這符號是用物質來表現精神的「愛」。

「人」中心的科學設計，才是真正的科學精神。「人」可以不是科學家，可以不會造武器；可是總不能不是人。「能不能」製造武器，是科學家的事；可是，「可以不可以」做武器，則是「人性」應該問及的問題。就如「能不能」墮胎，是醫生的技術問題，但是，作為一個「人」的醫生，就應該問及「可以不可以」墮胎的倫理問題。有道德的人可以不是醫生，但是，醫生可不能沒有道德。目前，世界有名的諾貝爾獎金，它的起源也就在「技術」與「道德」問題之間，作一種人性的補償。有人說：科技的發展猶如機車的馬達，而哲學思想則如方向盤；馬達當然要一天天地加強，但是，如果方向盤不穩，馬達愈強，車禍亦就愈大；科學哲學所討論的重心，亦就在這節骨眼上。

◎第三部分　當代意義

話說有位大科學家在實驗室中發現了某某子，對物理學將大有貢獻，中午回到家裡，大衣尚未脫掉就高興地告訴太太這天大好消息。但是，正在廚房炒菜的太太卻平淡地問：「那個什麼子是甜的？還是鹹的？」

目前，也有不少的新興國家，為了發展科技，而暫時把人文和社會忽略了，以為有了高樓大廈，有了冷氣火車，就算是趕上了時代，就算是富庶；而忽略了生活的整體意義，就像那位科學家一樣，把實驗室的科技帶回家裡，卻忽略了家庭生活的另一面。

從科學哲學的史的發展來看，或者在它的內在涵義中，都可以看得到的，就是人性整體的發展，應該是自然科學、人文科學、社會科學並行，才合乎人性，同時亦才合乎科學精神。尤其目前人性正在遭受唯物共產的摧殘時，更應該嚴防「經濟決定論」，嚴防「唯物」的入侵。記得筆者在大陸淪陷之後，共黨在中學的「新民主主義」課程中曾經提到一有趣的對比。那位「指導員」說：「他們唯心論的人，天天在高唱精神第一，但是卻生活在高度的物質享受之中；而我們唯物論的信徒，卻過著非常淡泊的物質生活，而全心全意在運用精神思想。」

唯心唯物的這種偏差，若無法在理論上折衷而成為「心物合一論」，在實踐上自然科學、人文科學、社會科學三者並行的話，終有一天會出現在現實生活中，不然就是沉迷於物質享受，而走向資本主義的極端，不然就是過著終日鬥爭，而食不裹腹的生活，在喊叫著「唯物」，卻沒有足夠的甚至最根本的物質生活條件。

三民主義的真精神：倫理、民主、科學；暫且不論前二者的人文社會，就是後者的科學，所注重的亦是科學精神，而科學精神所開出來的花朵，除了技術之外，就是道德問題、藝術問題、宗教問題。正如前面提及的，科學家能否造原子彈是技術問題，可否做原子彈是道德問題；做好之後可否應用更是道德問題。

用科學精神去探討宇宙和人生時，真、善、美、聖要一齊兼顧，否則便不科學。科學的可貴處，不是因為它催生了技術，而是它指出了「求真」「求實」的精神；就在「求真」「求實」的尺度下，我們認清了宇宙的真象，認清了人生的真象；在宇宙和人生的真象中，整體宇宙以及整體人生的把握，都在說明：知識、倫理、藝術、宗教的真實性，以及真、善、美、聖的真實性。

目前的「科學」，一定要跳出「自然科學」的極限，而走向「人文科學」、「社會科學」之中，去完成人性，去建設美滿的人生。

「科學」是在「人與物」的關係中立足。西洋希臘文化給人類最大的貢獻，就是在「人物關係」之中，指出了兩條通路：一條是，在認識自然之後，設法「宰制自然」，這就是自然科學的萌芽。另一條則是，在「欣賞自然」，這便是「藝術」的起源。面對物質世界，吾人的確有兩種心態：一種是佔有世界，以及宰制世界，另一種則是欣賞世界。前者展示了人的能力，後者卻在指陳人性的境界。

第六講 倫理

在哲學思考的探討中，「人」不但是認知的主體，同時亦是道德的主體；而且，在「做人」的各種生活際遇中，「知」固然佔有極重要的地位，但是，「行」卻是真正表示出真知的方法。

在「試管嬰兒」的試驗沒有成功之前，在「人造人」的方法沒有獲得批准之前，「人」的關係總是以「人與人」為中心，然後才是「人與物」。

在上一講「科學」的探討中，我們設定了人的臨在，曾經使自然世界，升格為人文世界；在人文世界中，人類享受到一切「人性」的生活。但是，在人性生活的層次中，我們不但遭遇到精神的與物質的不同層次的衝擊，我們同時也感受到真理的冷酷，以及感情的溫暖。在自然科學基礎中的科學哲學，我們可以用邏輯的法則，去界定真假對錯，而使我們的知識，儘量除去主觀的成分，而走向客觀的標準。但是，知識只是人生的一面，人性並不因知識的高低深淺，而在本質上有所變更；亦就是說，客觀的、數理的、邏輯的真理，固然是人類智慧的產品；但是，人性的主觀情意，卻更是人之所以為人的標幟。

「真」的事實，雖然猶如陽光，可燭照一切；但是，這「光」如果沒有「善」的熱來溫暖世界，則好像北極的陽光，無法散布熱量，無法給人類生存所必需。人性除了求

「真」之外，還要求「善」；除了「事實」之外，還要求「應該」以及「希望」。

人類在自然世界中，靠著「發展」和「進步」，一天天擴展著人文世界；可是，這「發展」和「進步」的特性，根本不是靠著「事實」的體認，而是靠著人性超度事實，而利用理想和希望去創造。因此，人類超乎自然的第一步，就是向著倫理規範去發展；而且，人之所以為人，最低限度的條件，就是擁有倫理道德。

第一部分　史的發展

人類的歷史，本來就是發展和進步的歷史；在超度自然世界以及生活在自己手創的人文世界中，追求著快樂和幸福，追求著自己的理想；在「能夠」與「許可」的範圍內，做許多創造性的工作和行為；社會的發展，也就在這種「人的能力」與「人的極限」中，繼續不斷的往前。在上一講論及科學時，曾經特別提出，在目前「能力」所表現的，大多是科技範圍的課題，可是，人性的極限，則不但只在科技的極限，而是在人性的倫理道德；前者所關心的，是人類有沒有能力做某種事，而後者所著重的，卻是人性可不可以做某種事的課題。

在人性的獸性部分，甚至理性部分所表現的能力，其成果多是現成的、具體的、短視的；而人性的道德規範所展示的，則多屬永恆的、抽象的；在人類的歷史發展中，我們很清楚地看到了迦太基的毀滅，埃及的沒落，巴比倫的沉淪；古代文明古國之所以沒有延續其文化傳統，都是由於人性中，更主要的一部分——倫理道德的被忽視；而反過來，像中國、希臘、希伯來等，雖然有朝代的變遷，其文化卻是永存不朽的；甚至，其道德理想亦將為後人永遠敬仰與學習。

現就分中、西兩方對倫理道德發展的歷史，加以扼要的說明。

第一章　中國部分

就在春秋戰國，群雄爭霸的時代，中國哲學發揮了最大的「救援」能力：它能夠從「強權」的時勢中，指出「公理」，由征戰的技術中，導引出道德問題。道家指出了人生在自然之間，要過一個「和諧」的生活，使自己的心性能夠解脫塵世間所有功名利祿的束縛，而與造物者遊；到達無欲的境界，達到「天地與我並生，萬物與我為一」的「天人合一」、「物我合一」的境地。儒家則指出了人與人之間的倫常關係，如何要以父慈子孝、兄友弟恭的方式，推展到天下為公、世界大同的政治理想；而個人在這種人際關係中，能夠獨善其身，變成君子；能夠兼善天下，而成為聖人；君子和聖人都是承行了天命的人性模範，因而亦都是向著「天人合一」邁進的楷模。

「天人合一」、「物我合一」同時成為先秦哲學的最終目標，而其中間過程則是透過人際關係；可是，先秦諸子都有一共通的起點，那就是「修身」，無論是儒者的「慎獨」，或是道家的「心齋」都是非常努力的克制工夫，都是要經過許多努力的嘗試，才能達到的「仁」的境界。

「仁」的提出，是中國哲學中倫理道德的最高峰，也是中國哲學有別於其他哲學的根本。

當然，這種道德哲學並不是沒有形上學基礎的；它的最根本原理就在於宇宙觀察的「易」。宇宙萬象的「易」呈現出各種「和諧」現象。「四時行焉，百物生焉」的「易」原理，變成了「生生之謂易」的高度生命哲學。由宇宙的「易」的「和諧」以及「生生」，導引出人生的「仁愛」、「和諧」、「創造」，也就把這些理論落實到政治社會組織之中；在消極上，指出「己所不欲，勿施於人」；在積極上，指出修、齊、治、平的「大學之道」。

可是，這種先秦所開創的「修身為本」的哲學體系，被秦漢之後的「畫符」、「煉丹」、「風水」、「命相」所破壞。秦漢之後的哲學沒落，就是人們在當時不再以「一分耕耘、一分收穫」的心情來生活，而是要依靠僥倖，買獎券的方式過活；當時上自帝王將相，下至百姓婦孺，都以為「不死」是此生此世的目的，而把先秦的「立德、立功、立言」三不朽，置諸腦後。

雖然，有王弼出來恢復原始道家的養性；有何晏出來復興原始儒家的修心，但是，畫符煉丹、命相風水已成為難破的迷信了。

幸好印度佛學東來中土，再次以三度時間的探討，激起了「一分耕耘、一分收穫」的真諦，以「報應」的宗教信仰，支持著「修身」的理論基礎：前生前世作的孽，必須由今生今世來受罪；同樣，今生今世如果再作孽，那就只好在來生來世得到報應。這種「善惡到頭終有報」的思想，雖然非常庸俗；可是，卻足以打破畫符煉丹的迷夢，而在形而上的思想上，把先秦的「仁」過渡到「涅槃」的成果上。「涅槃」的不朽意念，並不在於肉體的不滅，而在於精神的不死。

「報應」思想在中國倫理史中，佔了極重要的篇幅，同時亦成了「行善避惡」的規範的最有力動機。

「輪迴」的思想，同時還給予今生今世的一切生命現象，一種解釋，使每一個人都站在自己的崗位上努力；雖然在消極上有「認命」的悲觀成分，以及失去了進取的許多機會，但是，在社會安寧的保證上，卻發揮了最大的功效。

「輪迴」與「報應」畢竟是外來的宗教思想，當中國士大夫開始了民族意識的覺醒，亦即回復到先秦傳統的「純」倫理規範的探究時，已經是宋明理學發揚的時期了。

宋明時期的倫理規範，希望不再以庸俗的「輪迴」與「報應」作為行善避惡的動機，而是要在形而上的宇宙論學理中，找到人性的根本；然後以「人性」出發，找尋其道德原理。《易經》的研究，使宋明諸子了解到「人」與「天」，「人」與「物」關係的密切；宇宙整體的原「理」，使人性成為一小宇宙，因而其發展和進步，成為必然；不但「心外無物」的學說，統一了精神與物質；而且「知行合一」的說法，貫通了倫理規範與人的知性。宋明心性的研究，成為中國哲學系統中，從形而上的原理原則，很有體系地貫徹到實踐哲學來。

宋明原儒之研究，闡明了《易》之宇宙和人生，啟示並實踐了中國形而上的再探討、再體認、再強調；甚至消融了佛法中形而上部分，因而也就提升了庸俗的行為動機。

可惜滿清入主中原之後，政治目的將士大夫階級導入功名利祿的追求；以表面的「孝」道掩飾了「家」的封閉體系，而無法從民族自覺的大仁大義，作為道德的出發點，更忘記了平天下以及世界大同的理念，而滿足於一瞬即逝的功名；立德、立功、立言的三不朽，從此淪為時間與空間的附庸。但是，在政治目的上的「三從四德」，在清朝的天下裡，仍然保持著傳統的尊嚴；還有就是命相風水一類的迷信，並不比抽鴉片的毒素為少。

在中國被迫走進世界歷史潮流，而中國傳統的「禮讓」無法在「競爭」的西洋文化前找到立足點時，缺少形而上思考訓練的士大夫，在檢討自己不如人時，不但誤信了科技的顯象，而且開始懷疑人性永恆的基礎，而輕易地從「打倒孔家店」開始，一方面否定著傳統的倫常，他方面以為「德」先生與「賽」先生根本上反對倫理道德。

但是，果真在整個教育體系中，摧毀了固有道德，而仍然無法學習西洋的「強盛」；這就為極端的共產主義做了無形中的鋪路工作。

在「洋化」與「西化」聲中，科技的關心代替了仁義道德，科學取代了宗教信仰；洋人所不關心的人際親疏關係，深刻地影響著中國新近的一代。

在「新」的倫理規範沒有建立之前，而「舊」的生活習慣又遭到有系統的破壞和否定，這種過渡時期的思想空隙，為第三國際所利用，終至導引出大陸神州的沉淪，而迫使七億同胞接受「弱肉強食」的人生觀。幸好，傳統智慧始終沒有止息，改革開放的措施，還是可以拯救十二億同胞。

但是，人際關係的「弱肉強食」，如何會產生在以「仁愛」為基礎的文化系統中？這就不能不探討西洋的文化體系，因為後者在科技背後所隱含的，除了進取的競爭心態之外，尚流毒出「競爭」和「鬥爭」的人生觀。中國近百年來對自身傳統的丟棄，外在的原因不能不說是由西方這種文化末流的衝擊所造成。

第二章　西洋部分

西洋哲學的功能，也和中國哲學一般，總是發揮出「救人淑世」的精神。在希臘城邦政治體系中，奧林匹克精神給西方帶來了「競爭」的心態，而形成了人與人之間的奴隸制度，以及國與國之間的殖民政策。顯然的，奴隸與殖民，都只表現出「強權」的效果，而沒有「公理」的體認。希臘哲學的誕生，在形式上特別著重競爭型態的思辨，但是，在其內容上，則是透過柏拉圖的宇宙論設計，而落實到亞里士多德的倫理學的建立。「人性」的發掘和尊重，使希臘早期諸子能決然拋棄神話的傳說，而利用自身的天分和良知，設計出人性在「天」與「物」之間，如何做「人」的規範。

亞里士多德倫理學的探究，使繼雅典而起的羅馬帝國，不但不因「煉金」的塵世俗念，以及東征西討的征戰所毀滅，而且激發了司多噶學派，以及伊彼鳩魯學派的興起，使羅馬在法治的觀點上，超前了許多同時代的邦國。

西洋法治和民主，不能不說起源於人際關係的探討；也即是說，起源於倫理規範的確立。

羅馬時代盛行的煉金術，正如我國秦漢之後的煉丹，對人性的探討給予莫大的打擊；西洋雖有柏羅丁出來，想以柏拉圖的宇宙體系挽救哲學的沒落，可是，畢竟沒有成功。

希伯來信仰的傳入，拯救了西洋沒落的危機。原來，亞歷山大大帝東征西討，雄霸整個歐陸與非洲北部；到了凱撒大帝時代，把希臘原有的版圖，再擴展到亞洲部分；因而接觸了黃種人的部分文化，也因此而奠定了西洋後來基督宗教文明。

希伯來的倫理基礎，在外表上奠基在信仰上帝的宗教教義上，而在其內涵中，則啟示著人與人之間的「平等」與人性的自由；「自由」與「平等」概念，原亦內存於希臘諸哲的哲學體系中，但是，哲學的動機一旦失去了效用，就唯有在宗教信仰上找尋最終的解釋。希伯來「原罪」的解釋，化解了人性受苦受難的事實，而靈魂乃「上帝肖像」的教義，指出了人與人之間平等的事實，這事實不但在消極上禁止奴隸與殖民，而且在積極上發展了「相愛」的誡命。西洋中世基督宗教時期之所以擺脫了奴隸與殖民，不能不說是受了希伯來宗教情操的影響。

人人平等的信念，根植於每人的靈魂都是上帝的肖像的教義，而這教義的傳播與被接受，則由「工作六天，休息一天」的安息日制度而來。在安息日中，無論帝王將相，無論販夫走卒，在教堂中都要同聲誦念「我們的天父」，而自覺到人性的尊嚴和價值，乃是由於共同擁有上帝為父的原理。

西洋中世的倫理觀，在於耶穌基督對《舊約》十誡的注解：人生在世最大的意義，是是在於「全心、全靈、全意、全力，上愛上帝，下愛眾人」；所謂「博愛」的教義，是耶穌基督超越了《舊約》的「以牙還牙，以眼還眼」的褊狹意識，而走向《新約》的「寬容」，甚至「愛你的仇人」的思想。而這種「仁愛」為中心的倫理規範，直接導引出「施比受有福」的生活體驗，以及人生的智慧。

當然，「原罪」的教義，確實使人性中的「神性」，蒙上一層羞辱，可是，正因為人類都有原罪，才解釋了塵世間罪惡的起源；也就更因了人性的墮落事實，而使「外力救援」的教義，從「行」的道德層次，提升到宗教情操的「信」的階段。

以宗教的「信」作為倫理「行」的基礎和動機，顯然的，就如中國佛學一般，對來世「報應」的期待。這種宗教的「未來期待」，就解釋了各種善惡報應的人類心態。於是，從這種宗教情操的肯定，到社會治安的安定，中間所依持的，就是人生行為的價值批判。

可是，基督宗教雖然消除了西洋毀滅於奴隸制度，以及殖民政策的危機，並且提供了安息日以及人人平等的原則；一旦到了文藝復興和啟蒙運動之後，外來的希伯來信仰，卻受到一種過度的民族意識的衝擊，「復古」的回到奧林匹克精神，以及「創新」的著重科技的發展，使「仁愛」的宗教情操，又為「競爭」的心態所取代。

西洋各國之獨立，脫離羅馬的中央集權，尤其各種母語運動，都沒有完成基督宗教所展示的世界主義理想；相反的，卻帶回了昔日的奴隸和殖民。理性主義和經驗主義的學者們，都把自己關閉在「知」的象牙塔中，不問政事，不提「人性」的尊嚴和價值，對倫理道德的問題，更是漠不關心。

康德是在這時期的中流砥柱，他提出了「人性至上」的說法，他也提出了「道德命令」的無上權威，他更證實了人性「先天的」道德意識。康德哲學是在理性主義的獨斷和經驗主義的懷疑中，脫胎而出，領導著德國觀念論，在人性的「靜」態觀察中，找出「動」態的本質，而這種「動」的原理，就是人性的自我超度，以及人類所表現出來的道德意識和倫理行為。

在康德道德哲學以及德國觀念論的人性體認下，人性的發揚，不但要靠科學中的「知」，而且要靠道德實踐的「行」，還有藝術才情的「感」，以及宗教情操的「信」。

西洋近代的「知」以及德國觀念論的宇宙體系，其實都沒有挽回奴隸和殖民的傳統傾向；因而，在黑格爾死後，各種「強權」的哲學辯證，開始出籠：德國的唯物論和繼之而起的共產主義、法國的實證主義、英國的功利主義以及進化論、美國的實用主義，都成了西洋十九世紀後半期的主流，伴隨著殖民政策和奴隸制度，侵略著其他國家，奴役著有色人種。倫理道德的提倡與實行，雖然仍有制度宗教在做著各種努力，但是，「施比受有福」的智慧，以及「愛人如己」的誡命，多已徒具空文；因此，有些智者獨具慧眼，而提出「西方沒落」的警世之言。

其中最重要的人際關係，莫如產業革命後勞資之間的貧富問題。早年，百姓都相信「命運」，都以為「原罪」的遺害，使自己生而貧窮；啟蒙運動推翻了這些思想的體系，因而哲學再也無法解釋社會問，貧富差距的問題；但是，工業的發展卻助長著貧富差距，於是共產主義脫胎自唯物論，而覺得貧窮實為資本家剝削所致，更配合著進化論的「弱肉強食」、「物競天擇」的理論，而鼓動工人起來革命，要打倒資本家，要充公富人的財產。「共產黨宣言」的提出，是西洋繼奧林匹克競爭心態之後，發展到了極峰的「爭奪」倫常。

幸好，西洋的唯物、實證、實用、功利，尤其馬克斯發展出來的共產主義，都由二十世紀的覺醒所取代；西洋基督宗教傳統的「仁愛」精神，畢竟並未老去，它所產生的互助合作，人人平等的意念，仍然成為社會制度的基礎，在立法的尊嚴下，使英、法並未走向「共產黨宣言」的預言，需要工人起來，用「暴力」革命，向資本家搶奪一切應得的權利，而是整個西方，設計了福利的制度，由政府出面，抽取了富人的所得稅，而興辦了各種福利保險。

但是，雖然西洋沒有上共產主義的當，仍然奉行著以「仁愛」為職志的信條，但是，一些新興國家，甚至古老如中國及蘇俄，都中了共產毒素，而愈陷愈深。

在今天，倫理規範的確立，仍然和古代一般，從修身做起，經齊家、治國，而到達平天下的終極理想。不過，今天的修、齊、治、平之間的關係，遠較以往更要連繫密切而已。

在歷史演變中，中西學者漸漸趨於一點，那就是：在舊的道德觀念已經被遺棄，而新的倫理規範卻正在迫不及待的情況下，人類仍在為新的一代摸索著，希望人類不要由於自身的愚蠢，而斷送大好前途。更希望上個世紀末的社會覺醒，知道放棄馬列，是自救的方案，也是自立自強的必須工作。

第二部分　內在涵義

在許多文化系統中，倫理問題所涉及的，總不外乎「倫理規範」與「倫理問題」。在「倫理規範」中，用各種方式，早期的透過神話，近代的透過理性，當代的透過法治，都在指示出「個人」在獨處時，以及在群體生活中，處世為人之道；更重要的，給予這些規範一種哲學基礎。

道德原理指出「行善避惡」的總原則，而倫理學第一步要指出：人為什麼要「行善避惡」？

在總原則「行善避惡」之下，落實到具體生活中時，就是「善」、「惡」行為的區分：何者為善？何者為惡？倫理規範的確立就必須在永不改變的「行善避惡」原則下，提出各種分辨善惡的方法與尺度。

在所有倫理道德的探討中，「良心」是中心課題之一；而且，這天賦良知是先驗的，不必要經過教育和學習，就能肯定「行善避惡」的道德命令。至於何者為善，何者為惡的分辨問題，則是在學習過程中，後天所獲得的。

在「良知」問題之後，緊接著的中心課題，就是「自由意志」的問題；人生來是自由的，他可以做，或不做；可以做這，也可以做那。在正面去看「自由」時都會發現，人們對自由的體認，是「我要做什麼，就做什麼」；但是，若以「修身」的倫理規範，比較深度地去思考時，會發現相反的意見，即是自由應該是「我要做什麼，就偏不做什麼」。

對自由問題探討的最大理由，就是負責任以及賞罰的問題。話說有位殺人犯，當法官判他死罪時，他竟振振有詞地說自己沒有自由，天生來就命定要殺人，因而他用不著對自身的行為負責，法官也不應判他的罪。幸好，機警的法官也說，他也命定做法官來定犯人死罪的。

在「倫理問題」的探討中，個人對自己，個人對別人、對家庭、對國家、對社會，都有應盡的義務，以及應享的權利。相對於抽象的「規範」來說，「問題」是具體的，是日常生活中根本的，而且急待要解決的。像今天日益嚴重的離婚問題、墮胎問題、安樂死問題，都需要有「倫理規範」的哲學基礎來解決，單是「利害關係」絕不是治本之道。

隨著時代的改變，倫理問題也日益改變，因而其解決之道也必須有新的方案、新的思考基礎；就如「不許偷盜」的規範，在古代，只要說明因為「私有財產」制度，就足夠；但是，今天的「福利制度」的原則下，甚至有了「共產主義」的曲解倫常，這種解釋就必須更深一層了。同樣，在傳統的「命」被科學主義破除之後，社會間貧富的差距問題，善惡行為的報應問題，如果沒有一種新的解釋，就很容易流於貪汙枉法的資本主義末流，甚至陷入專司鬥爭的共產主義桎梏中：貪汙枉法之徒，就是因為看不清報應的課題；而共產主義則指出貧富原由有錢人剝削了窮人，因而窮人起來鬥富人，乃是天經地義之事。上面兩種錯誤的解釋，都是由於傳統的規範已被否定，而新的規範尚未建立。

倫理道德規範，是從形而上的基礎，落實到日常行為之中；但是，形而上的基礎的尋獲，卻又是藉知識論的探討；而知識的探討則與選擇對象和環境有關；對象和環境的選擇，則與思想家的心態有不可分的因緣。就如目前世界上兩種極端不同的人生觀：仁愛與鬥爭，就都是由這種思維過程而引起的。主張人與人之間要鬥爭的，是觀察了獸類世界弱肉強食的現象，配合著優勝劣敗的結果，而推論出「適者生存，不適者滅亡」的形而上原則；然後再以這種原則來界定功利的、實用的人生觀：只談利害關係，不管是非觀念。反過來，一位心理正常的人，事事往好處想，觀察事物優劣兼顧，一方面覺察出人性肉體部分的獸性，但同時亦意識到精神部分的人性：思考出獸性世界固然進行著弱肉強食的鬥爭殘殺事實，但是，人之所以異於禽獸者則應當是：以仁愛代替鬥爭；甚至，就在自然界的觀察中，客觀的人也會覺察到「虎毒不吃子」等類似倫常的行為，如此而定出形而上的「仁愛」概念，然後使其落實到人類社會中，發展出國泰民安的興平氣象，邁向世界大同的境界。

西洋奧林匹克精神的奴隸和殖民以及後起的希伯來仁愛精神的對比，就是這種思維方向的注解，又如共產主義與宗教精神的對立，也是這種思想的花朵。在中國，《抱朴子·詰鮑篇》的理論，辯證道家的「自然」與儒家的「人文」，也完全影射出這種思維形式的合理性。

總之，倫理道德的內在涵義，是一個人生存在天和地之間，生存在人與人之間，自覺到自身生存的意義和價值，而自願努力向上發展和進步，除去自身一切不安和煩惱，而使自身度一個心安理得、自由自在的生活。它不問現實世界如何，而問站在人性的立場上，站在人道的立場上，個人如何走向「止於至善」的境界。

而在「止於至善」的目標前，設計出各種修為的步驟；因而有修身、齊家、治國、平天下的構想；而又從中特別指出：一切「皆以修身為本」。這就是倫理規範實行程序，唯有如此，才算是「知所先後」，才能「則近道矣」。

第三部分　當代意義

目前，由於工業化、現代化以及西化、洋化等口號和事實，使許多沒有高深學理思考的人，以為數理的超前，也就可以運用到倫理道德問題上；就如以前的地球中心說，變為太陽中心說，道德問題是否也將有相反的改變？或者，更高明一點的，就是在道德問題本身上有所發現，就如婚姻大事，由以前的媒妁之言、父母之命，進而變成今天的自由戀愛；那麼，其他的倫理規範，是否也將同樣改變？

當然，反對傳統的人，可以舉出許多類似的例子，甚至指出行為主義所慣用的原則：農業社會的道德是否適用於工業社會中？因為在農業社會中的人際關係，很清楚地與工業社會的環境不同。這麼一來，五四時代的「打倒孔家店」的情緒，似乎要在學術上給予合理化？

但是，我們在這裡仍然得問一問：人性的根本是什麼？環境對它的影響力究竟有多大？數理科技的發展是否對人性和人道的總原則有所改變？我們先不談那些高深的理論，僅就以人的雙足為例。上古的人，唯一的且最好的交通工具是雙足；在進入文明之後，學會了騎馬，雙足就成為不再是唯一的，亦不是最好的交通工具了，及至人類發明了舟車，甚至飛機，雙足就更為微不足道。但是，就連乘坐登陸月球小艇的太空人，能因此就把雙腿切除，而以為從此就不必用腳走路了？

雙足永遠是最重要的，不可或缺的交通工具。

如果我們能從整體的人性去思考人文社會中的任何一個問題，就可以發現倫理道德問題也是如此，縱使其表現的方式不一樣，程度不一樣，但是本質卻沒有改變。當然，農業社會中只有左右鄰居，而在工業式的公寓中加多了上下鄰居，但是，「敦親睦鄰」的原則不變，變更了一些形式而已。

古代的人覺得先要修身，然後才能齊家、治國、平天下；現代的世界更需要強調修身，否則其平天下的手段不是像希特勒，便會導致核子戰，而不但沒有導向天下平，反而給人類帶來了毀滅的厄運。

「父母之命」的婚姻形式，原配合著「男女授受不親」的社會型態，現在社會開放了、改變了，「命」亦改變成「意見」，但總不能化為烏有，而鬧成私奔或殉情。

倫理規範在當代所遭受到的非難，最重要的，並不是那些「一切都改變了」的口號，也不是那些提出「現在已不適用」的理論，而是一些用「知識」的層次，用「知識」的研究方法，把道德的「是非善惡」價值體系，改變成「真假對錯」的研究對象。因為，前者至少在內心還存有對倫常的尊敬之心，而後者則設定了「價值中立」，而對道德漠不關心，甚至加以侮蔑了。

從西洋十九世紀後半期哲學末流的餘波，從維也納流入美國新大陸的邏輯實證論，以及由之而演變成的語言分析派，即是企圖把立體的倫理道德價值體系，用數理的平面去把握和注解。當然，用純物理的眼光去看「偷盜」時，只不過是「一樣東西從甲地移到了乙地」；如此，說它是善是惡，當然就「沒有意義」了。偷盜可以用物理來解釋，其他所有的倫理語言，不都可以用數理來解決了嗎？不都是沒有意義了嗎？新聞界可以把立法院的「打架」，轉換成比較文雅的「肢體衝突」，其實，何止是肢體衝突，心靈不更在衝突嗎？

在原則上，原本就屬於經驗主義流派的英美哲學，根本上是反對先驗的，而道德意識又不能不是先天生來的，因而，倫理規範在英美思想體系中找尋基礎，真不容易；就如人要在共產主義學理中去找尋「仁愛」的內涵一般困難。

中國近來，由於科技發展以及政治傾向，使英文成為第一外國語，在哲學思想上也就成了英語體系的殖民地；最可憐的，竟有大學用的倫理學課本，也向英美看齊；這就難怪「裸奔」、「長髮」、「離婚」……等等「新」東西都登陸了寶島，也就難怪「文化復興」仍然停留在理論階段了。

人性的整體研究，其主體能力的知識、道德、藝術、宗教的階層，以及這些學問的對象：真、善、美、聖的體認與尊敬，都必須有通盤的設計與探討。除非能夠用新的解釋，來注釋傳統的精髓，除非國人從崇洋媚外的迷夢中覺醒，除非國立編譯館肯花點時間和金錢，編出一本像樣的大學倫理學課本，否則在原來就沒有制度宗教的我國，在西化過程中，只會學到人家的毀滅性的東西：科技可能發展，但人性可能毀滅。

寄望於關心中國文化傳統之士，寄望於負責教育下一代的知識分子，在新的倫理規範的建立上，能夠使人性更加發揚光大，正如　國父孫中山先生所覺察到的：由人性進化到神性。

同時也寄望負責「教改」的諸君，可不必把全部心思放在「教育制度」、「考試制度」上，而騰出一些時間，來關懷更重要的「教育理念」問題。今天的青少年需要什麼樣的教育，需要如何成為當代的「理想人」，更應是「教改」的核心課題。

「德、智、體、群、美」五育並重的教育「理念」，如何可在各種「制度」中落實，也的確是負責「教改」諸公所要注意推動的。

第七講

藝術

在哲學的各種層次分工合作中，固然在整體上是「用一切去衡量一切」，但是，在學術的方便上，總是以知識求真、倫理求善、藝術求美、宗教求聖的四分法，作為研究的入手。

藝術求美的事實與範圍，因此亦就被界定下來。

原來，人性本來就在自身發展與進步的可能性中，設法透過真、善、美、聖的把握，而生活得更好，甚至，朝向活得最好的境界邁進。而在這種「更上一層樓」的心態中，藝術生活的確佔了極大的分量；不但從「愛美之心，人皆有之」開始，而且在人文世界的各種層次中，都可發現「藝術的人生」。

人性與藝術是不可分離的，人文世界的一切，都分受了藝術界的美。

◎第一部分　史的發展

人生在世界上，面對自然，不但要用自己的智慧和技巧去認識、去把握，而且還要點綴「如何」把握的契機；亦即是說，人類生活需要不停地進步，從物質的必需，走向精神的享受。譬如在街邊的小吃攤，盡可以掛上「分量多」、「包吃飽」的招牌，以吸引顧客，使那些在生活上必須要吃飽的人，能享受到便宜的午餐；但是，觀光飯店則絕不能用同樣的招牌，而應改以「服務親切」或「環境幽雅」或「設備舒適」等廣告來吸引人；因為進觀光飯店的人，不在乎是否「包吃飽」，而是要在物質的必需之上，加入精神的服務。態度、環境、設備，都是藝術層次的東西，也是人性自我超越的途徑。

在藝術史的發展中，中、西兩方由於哲學中人生觀的不同，因而亦就有許多本質上的差異。

第一章 中國部分

中國哲學的重心，由先秦的「仁」和隋唐的「涅槃」，把人性超度到極峰，這種超度的方式，在倫理學上是「修」，但是，其整個進程都是藝術「美」的表現。「興於《詩》、立於禮、成於樂」（《論語．泰伯》）的表示，指出了人生的態度以及以藝術為方法的路線。

在「人與自然」的關係中，道家能夠以「和諧」的心境，引領人安身立命於天地之間；孔子的「四時行焉，百物生焉」的觀察，指證出次序之美。儒者在人際關係中，設置了「禮」的體系，使人與人之間的交往，上至各種書信的用語，下至百姓的談話，都無不在藝術之中，像「貴姓？」「府上？」的詢問，像「小地方上海」、「虛度五十」的回答，固然未必符合於科學的真，可是卻蘊育著生命之美。禮讓文化所陶冶出來的人生哲學，處處表現出美的情調。「制禮作樂」的人生，不但美化了現實世界，而且提升人性，擺脫一切可能有的人間世醜惡，可以使人「三月不知肉味」；「樂則安，安則久」的人生體驗，一直成為中國人生活的準則。

「美」的表現，在中國先民的創造下，透過文學的詩書、言詞、服飾、建築、繪畫、雕塑，都在展示出天人合一，物我合一的境界。甚至秦漢之後的畫符煉丹，算命風水，雖在人生觀上墮落了，但仍然有著生活之藝術。

佛學東來中土，人生觀上帶來了前生與來世的憧憬，而世俗報應概念亦漸成宗教化，遂把先秦以倫理道德為中心的藝術，引導到彼岸的宗教情操中；佛塔的建築，不但在自然之中，點綴了「萬綠叢中一點紅」的美景，而且亦在層層上升的屋簷設計上，展示出超度的精義。在文學作品上亦特具風格，不但內容上創造出人性對來世的寄望，而且在形式上，亦表現了宗教文學冥想。

通俗信仰的傳播上，行善避惡的倫理思想，透過宗教的動機，而建築了無數的廟堂和塑造了許許多多的佛像，而在風景幽美的地區，使遊人能夠放下俗事擺脫俗念，提升自己的心靈；不但支持了儒家的修身，而且完成了道家的物我相忘境界。

隋唐以及其後的文學、繪畫、建築，都集了儒佛道之大成，並且以圓融的方式，陶冶著中國人的心性。

在中國藝術的形式與內容中，美、善、聖融合成了一體，在任何傳統式的祠堂中，都包涵了孝道、神聖、美觀各種因素。在任何一幅國畫之中，都超乎了真的層次，而止息在美善之中。

目前，各種傳統文物中，都在宣示著中國人對藝術的創造與欣賞；其創造固然因了倫理道德上「從師」的模仿性稍有限制，但是，各位藝術家的風格仍然是獨創的；各種詩、詞、歌、賦亦都同時兼有著美的模仿與創造。

第二章　西洋部分

西洋哲學從希臘早期就孕育了「知」的骨幹，客觀的「真理」成了哲學的核心，因而其整體藝術的發展，無不受到這種學風的影響。雖然柏拉圖的二元世界，以模仿的概念解釋了觀念界與感官界之連繫，可是，其辯證的清晰明瞭的要求，卻指定了今後西洋藝術方面也要走的道路。我們試就繪畫一項來說，西洋的山水，主要的是「真」，而中國的則必須有某些部分「在虛無飄渺間」。

在整個藝術的傳授上，西洋重客觀的記載，重大家共同的法則，而中國向來從師，從體驗中模仿學習。

在西洋哲學發展史中，修辭學算是藝術中最早的成品之一，從神話的描繪乃至於哲學作品，都在於設法表現出美的形式。西洋也就從修辭的文法中，配合著各種政治理想的次序，而漸漸發展了法治的信念，然後再以「法」為準則，去度量所有學問。當然，法則的體認和訂立，對自然科學有絕對的貢獻，但是對「美」的、「藝術」的人生則未必有所裨益。西洋現有的許多烹飪術的著作，就是「法」的一種表現，而不像我國的模仿師父一途；但是，誰都曉得，完全能用科學方法分析出來的「美」，一定沒有達到藝術峰頂的境界。

西方藝術漸漸由修辭轉向建築之後，就由精神享受落實到感官世界的物質批判，希臘羅馬的建築，都在顯示出西方文化特性中的「競爭」天性；大柱子從地向天的聳立，十足表現了人與天爭的特色，其後發展的城堡溝廓，無不展示著人與人爭的事實。這原是從奧林匹克的競技文化直接孕育而誕生下來的成果。這建築的模式到了中世基督教信仰時代，仍然完全過渡給教堂，在人煙稠密的城中央，樹立十字架鐘塔，加上一片洋灰或石子地，大有「人定勝天」的氣概，與中國佛教時代林蔭深處的廟堂，大異其趣。

從希臘羅馬的修辭，過渡到中世的聖詩和禱告文之後，忽而從人本走向了神本，將讚美人性的言詞轉而讚頌上帝，以及在上帝左右的聖者。聖骸的敬禮、週日的集會、星期五的齋戒等等，經過一千多年的基督仁愛精神的陶冶，使西方藝術的人生，染上了濃厚的制度宗教的色彩；各種信條教規的訂立，規範著人性的所有行止，與中國宗教精神相當不同。

文藝復興不但催生了地方文學（英國的莎士比亞、德國的歌德、西班牙賽萬提的《唐·詰歌德傳》、意大利但丁的《神曲》等等），而且無論在建築上、繪畫雕塑上、音樂上都有著突破性的發展；各種文「法」、樂「章」、形「式」都漸漸變成定律。尤其在建築上和音樂上的造詣，可稱得上首屈一指：羅馬式教堂的圓柱，頭腳小，中央粗，使人置身其旁，有安全感；其圓頂覆蓋著教堂的核心，使人置身其中，猶如小雞聚集在母雞翅膀底下，頗感受到上帝庇佑。哥特式教堂則是由多角形的柱子，配合著光線的視覺運用，使人能隨著柱子的線條，舉心向上，引導著信徒向天禱告。至於教堂外觀，無論西洋哪一種宗教，都在鐘塔尖頂上樹起十字或半月，意謂著人與上天的連繫中，必須藉著媒介，必須藉著「信賴」，才能解脫自己。這種意象所表現出的藝術，與東方宗教的屋簷往上翹的意境，相當不同。

在文藝復興之後的教堂建築，不然就是以純信的立場發展哥特式的內部，不然就是發展拜占庭式的豪華，把天國的榮光帶到此世。在音樂造詣上，更顯出了音色與和諧的概念，溝通此世與彼岸；對美的孺慕之情，發洩在節奏與音韻之中。西方制度宗教的表現，包容並領導了學術中真、善、美、聖的各個階層：藝術的建築是教堂，繪畫是宗教主題，音樂是讚頌詩，整個的哲學體系，都無法完全脫離神學的範疇。

俗世的藝術先在文學作品中漸漸顯露出來，民間藝術漸漸有了獨立於傳統宗教的形式和內容，而開始以早期希臘的悲劇作模範，重新設計出文學的新內容。小說的產生漸漸代替聖人傳記的格調；戲劇的主題也漸漸雜進民族意識，等到哲學思想中出現了唯物、實用、實證、功利之後，宗教情操漸次消失，政教開始分離，才開始了各種俗世的獨立藝術形式。

俗世精神的藝術，主要的是把原屬彼岸的一切，都搬到此世來；原是歌頌上天的音樂，用來歌頌祖國家園，原來教會的象徵改變成家族的號誌，原來用於教堂的建築計畫，如今用來做市府大廈，原來屬教會的權威，現改由民主來決定；教會法的運用變成了社會法，人與神的關係，改變為人與人的關係。

由於西洋文化本乃競爭，於是，在人本主義下的藝術發展，慢慢地由技術發展所取代。整個人性的生活，由科技的發展，而變成了非常特殊的狀況：生活的必需改變得非常迅速，而生活的娛樂也大幅度的增加；就在一切都走向舒適、更舒適的目標時，精神生活的需要也就更大，利用物質的成品以應精神的需要量，也一天天增長；衣、食、住、行、育、樂都借助科技的發展，邁向理想的未來。

西洋的這種生活模式，透過經濟發展的動力，早已普及於世界每一角落；許多原屬精神享受的事物，都已被物質的佔有慾所汙染；而藝術家的職責，也似乎儘量發展未來純藝術的境界。

◎第二部分 內在涵義

在中、西藝術史的發展漫談中，我們可約略地曉得，愛美是人的天性，而人性所追求的最終目標，必然是真、善、美、聖的合一；從藝術走向美的一條道路，當是人性在發展自己的途中，所必須走過的一關。

「美」的把握與創造，也與其他真、善、聖不同；真的知識層面，所探討的是真、假、對、錯；而選擇的是真和對，揚棄的則是假和錯；在倫理的善中，討論的中心放在是非善惡之中，而讚揚是和善，而咀咒非與惡；在宗教的神聖之中，要人超凡入聖，而棄絕醜惡，同時，站在神聖的高峰，掌握住真和對，支持著是和善，甚至表現出美來。可是，在藝術的美的境界中，根本就超乎了真假對錯，是非善惡，甚至不管神聖或罪惡；把一切客觀因素都拋諸腦後，而只保存主觀的「我中意」、「我喜歡」，或是「我不高興」的條件。

美的判斷，總是在「情人眼裡出西施」的原則下進行；它沒有任何共同的公準，它超乎了所有衡量的尺度，其欣賞者心靈的直覺反應，才是唯一的標準。如果說「真」的獲得需要靠理知，「善」的修成需要靠意志，「聖」的超度需要靠頓悟的話，則美的產生只能靠情意；它是藝術家心靈的反應，不需要透過知、行、信，就直接獲得的對象。創造藝術品的藝術家，必然是天才加工；它沒有規格可以遵循，它只能靠心神的觀察而學習，而模仿，而領悟，而創造。

科學的「真」的原理絕對無法批判它，就如語言分析者若把貝多芬的〈第九交響曲〉拿來分析的話，只不過獲得一些音符，作為全曲的元素；但是，世界上只有貝多芬才能創造出〈第九交響曲〉；原因是，這曲子並不單是音符「構成」的「集合物」，而是一個富有生命、富有靈性的整體；它是「生」的，不是「構成」的，它的生命和靈性就是由貝多芬所賦予。因此，藝術品是藝術家生命的外流以及延續，是藝術家的精神用看得見、聽得到的符號內存於物質之中。

再說，倫理道德的尺度也無法衡量藝術；就如米開朗基羅所繪的世界末日圖，畫中無論聖人聖女，都是裸體的；米氏要表達的意境是：在上帝面前，所有人都無法遮蓋任何事物，上帝知道一切。但是，由於這幅巨畫是在教宗私人教堂牆上畫的，不久一位新教宗上任，看了這幅畫之後，覺得在教堂中不穿衣服，有失體統，於是命一位畫家給圖中所有的人都塗上衣服。當然，這幅畫的藝術價值就大大地削減了，因為它已蒙上了是非善惡的面紗。（這幅稀世之作，目前已經修復，已把外加的衣衫剝落，恢復了米氏的原作光輝。）

「藝術」一詞，在西洋哲學開始時，是指一種技巧，尤其是模仿的技巧，而其相對的名詞是「哲學」，像畢達哥拉斯所說的「一點技巧都沒有，只是愛智而已」；當藝術變成一門學問，已經超乎實際的技巧而走進學術領域之後，就成了「美學」；而「美學」的希臘文意義是「感性」、「感官」；因而也就從模仿自然，走向了用感官所能接觸到人文世界的一切成品。

人文世界就是要在大自然之中模仿，經模仿而創造，其成品就是人類用來陶冶心性所欣賞的對象。在藝術世界中，人是創造者，同時是欣賞者；不過從藝術品透過感官的欣賞，而又能超乎感官的束縛，走向形而上的境界時，就是對「美」的本身的追求和嚮往。早在希臘柏拉圖時代，已經能夠把人性追求的「美」的對象，從肉體的美的追求和佔有慾，經對美德的嚮往，而到達對美本身的追求。在柏拉圖哲學體系中，最高的存在是「善」，善的下面有兩個表象，一個是「真」，另一個便是「美」；真由知識去探求和把握，而美則是柏拉圖人生哲學，甚至倫理學的重心，「愛美之心，人皆有之」是柏拉圖藝術哲學的原理之一。

在藝術的整個內涵中，它不但不能用事實的知識層次去認定，也不能用倫理道德命令去要求，甚至，不能用宗教情操的希望去解說，它是獨立的形式，正如康德所提出的，只有主觀的「我中意」、「我喜歡」去把握它，用自身嚮往的方式去追求它。在這裡，西方藝術哲學發展的園地中，指出了美的客觀性：不是因為我們愛它，它就美；而是因為它美，才吸引我們去愛它。這種柏拉圖式的客觀性，總是包涵了主觀意識的所有動向。

從主觀出發，發展了對美欣賞的主觀性，但是，欣賞的行為卻經常與認知的行為不同；因為，認知的行為是佔有，是認識者把客體或對象概念化，使其變成認知者的一部分；相反，欣賞藝術的人，並不是希望自己獲得美的知識，不是把美當作自己佔有或把握的對象，而是反過來，要把自己的主觀情意，消融在美的境界之中，這正是柏拉圖所說的「生在美中」的境界，也會達到先儒的「三月不知肉味」的意境。

以藝術作為哲學背景的哲學，與以知識為基礎的哲學體系，最大的差別就在此；尤其到達宗教的哲學高峰時，西洋宗教的熱門課題，變成「究竟用理知，還是用意志去享受上帝的美善？」而東方宗教所關心的，則為是否一個人已經出空了自己，把自己的存在都經由「心齋」、「坐忘」，而達到了「涅槃」境界？達到了天人合一、物我合一的境界？或至少是領悟到「天地與我並生，萬物與我為一」、「與造物者遊」的真諦？這也就是在藝術觀點不同之下，佛學的「真如」，消融了所有的個體，而將一切都化作渾然一體的；而西方基督宗教的「天國」，則保留著每個人的獨立性，「面對面地享見上帝」。

西洋哲學的發展，總是在低潮的時候，出現一些形而下的想法，在唯物的、量的、科學的尺度下來看世界時，總會提出「事實」為口號，以為「客觀的事實」勝於一切；就如有人用這種西洋思想，去整理中國傳統文化時，總是把仁義道德和算命卜卦等量齊觀，以為二者都是存在的事實，而且在量上，在人口比例上，似乎壞人比好人多；也就認定中國文化的傳統是算命、看風水。但是，若站在藝術的、富有審美的眼光去看的話，則需要提升自己的精神，欣賞文化的花朵部分，而忽視它的殘枝敗葉。就如一個人去看荷花一般，他所應聚精會神去欣賞的是荷花，哪怕花很少，而大部分是荷葉，更大部分是泥巴和汙水；但是汙泥不但不能減少審美者的興趣，反而會使他尋獲人生的一項真理，那就是「出汙泥而不染」的道德結論。站在科技立場的人，在荷塘畔所注意的，不是荷花的美，以及其「不染」的蓄意，而將是要多少泥土，多少肥料，如何栽種等等問題。

畢達哥拉斯曾經提過，往奧林匹克的人分三種：一種是著意錦標的奪取，另一種是想藉此觀摩，第三種則是去觀賞的。畢氏指出，唯有第三種人，才是哲學家。在這裡，畢達哥拉斯的哲學意境，就是藝術家的境界。具體的、現實的、功利的，都不是藝術境界的東西。

人性的發展，總是要超乎實用功利，尤其要超乎物質的必需，而達到美的境界。有些人以為在太空時代來臨之後，人類的食物就都只吞一粒丸子，只談營養，不必再設廚房了。但是，筆者以為，這種實用的想法，最多亦只不過是太空時代的開始，是原始的太空時代的情況；繼續發展下去，必然又是一種烹飪術；人類總會不厭其煩地想出並做出好的佳餚來享受。這種想法的理由，正如一幅漫畫上出現的情形一般：畫上出現兩個太空人，在某星球上徒步，而另外兩位太空人坐在太空車上，彼此對話說：看！還有人在走路的階段哩！也就如上面提及的譬喻，路邊攤的招客之道是「包吃飽」，而觀光飯店則需「服務好」或「氣氛好」來做廣告了。

人類的進步，在人文世界的發展中，都在展示出：美，更美，邁向最美的途中。

這種邁向最美生活的傾向，原伴隨著人性降凡，從孩提時代的遊戲起，一直到塗鴉的童年，抱洋娃娃的歲月，都在「模仿」和「創造」中。一個小女孩總會將母親告訴自己，或訓誡自己的一切，都如法炮製地，用在洋娃娃身上；物質觀的哲學創造，總是在最原始的模仿中表現出來。在成人的構思中，無論是對未來的憧憬，或對現實的享受，亦都在理想的設計中，畫出了創造的藍圖：理想越高，藍圖越美，對未來的憧憬亦越深刻；不但在創造人文世界的一切上，發展著自身的潛力，對整個社會的結構提供著應有的一分貢獻，而且在個人以及家庭生活的美化工作上，總有某種程度的安排。及至老年期的「回憶期」來臨之後，亦有返老還童的心態，而恢復到童話世界的幼稚和純樸。晚年的美雖然看似殘缺，但是，殘缺美卻也是美的範疇中的常客；正如奇醜無比時，亦走進了美的領域中一般。

自然之美與人文世界之美，到最後終歸合一，就如天上的星星，地上的小花，還有小孩子的眼睛，就是因為它們幼稚和純樸，才稱得上凡間三美。在做作與真誠之間，在長堤或邁阿密與鄉村姑娘之間，在摩天大樓與小橋流水之間，人性發展著自身「生在美中」的情懷，配合著知的把握，行的實踐，以及信的情操，超度自己於塵世之外，逍遙於六合之外，與造物者遊。

◎ 第三部分　當代意義

因了生活的需要，以及增進生活的方便，人文世界的創造，早已一天天地遠離自然的純樸，而墮入到破壞自然、駕御自然的地步。工業社會的繁榮，早在商業競賽與經濟活動的突起中，使人類的心靈繁忙起來。在喧嘩的都市中，很難覓得到一塊使心靈憩息的淨土。機器的吵音夾雜著汙染空氣的黑煙，籠罩著機械旋律的現代社會。

當你接受了希伯來文化系統中安息日的制度，於喧鬧中生活了六天之後，滿以為擠上了公車，駛往郊外，就可以享受到回歸自然的樂趣時，總會想不透為什麼還有那麼些現代人，身體遠離了都市，可是仍然手提收音機、錄音機、電唱機，把工業社會中最吵雜的阿哥哥或蓬拆拆，帶到幽靜的荒郊來。

生命情調的感受，以及生活藝術的探索，在工業化、商業化的都市中，似乎更形需要；在幾乎沒有庭園可言的住家內，是否能由於傢俱的擺設，使整天上班的先生，能夠在家中調息身心，迎接明天的工作？能否利用很小的空間，設置小小的書房，以光線和色彩的配合，培養「能孤獨」的心境，好讓在競爭的人際關係中，還能夠永遠保持心靈的寧靜？

藝術欣賞能陶冶心性，因而，藝術家之提供藝術品，社會提供展出場所，讓市民能在喧嘩中找得寧靜，在紛亂中覓得平安，固然是當代社會中，當務之急；但是，更迫切的，卻是在灰色的火柴盒式聳立的建築物之中，保存一些綠洲，使灰色的城市帶點希望的氣息。本來，在所有開發中的國家，都會在自己趕上別人的心態上，把全體的原始改作文明，甚至把鄉間的田圳，也加上鋼筋水泥；剷去公園中原有的草坪，而鋪上厚厚的洋灰。

筆者曾經參觀過一個宿舍，其內部裝飾算得上豪華，但是，色彩的誤用卻會使人有格格不入的感覺：客廳的地板是紅色的，而四壁是黃色的；不知道哪位客人敢在這種氣氛中暢所欲言。走在走廊上，更有「履薄冰」的感覺，因為地毯是深藍色的，像無底的海洋，而天花板卻是深紅的；走在這種泰山壓頂，而腳下又沒有實地的長廊上，真不知道自己存在的命運操在何人手裡。

公寓的建築，如果在外觀上因了經濟利益無法擺脫灰色的絕望的顏色，至少在家庭住宅的內部，運用一些藝術的才華，調劑心身的平衡。在公共汽車上，稍微注意一下對面坐著的乘客，心事重重，內心真有說不出的痛苦。難道外來的生活重壓還不夠嗎？為什麼不能夠在休閒時，或在準休閒的時間空檔中，鬆弛一下緊張的心情？

生活藝術、環境的構思、藝術教育，並非舉辦一些兒童寫生比賽，就能奏效的。如果大眾傳播工具所能給予民眾的，除了些流行歌曲，以及一些時裝展覽，還有一些胡鬧的笑劇之外，就沒有屬於更基礎、更有深度的美學觀念的話，恐怕就無法建構美的人生。更重要的，是一個心靈缺乏美感，終會因之枯萎生命的活力，而大大地影響到倫理道德層次。

幽默感的培養與薰陶，也許是當代生活中，必須最先被注意到的情事。一句幽默的笑話，往往可以化干戈為玉帛；「笑」自古至今都是聯絡感情的捷徑。

在開發中的國度，常會被「科學」的信仰所籠罩，甚至在藝術的層次上，也受到其感染或把持。記得民國四十九年前後，我國趕上了世界潮流，開始鼓勵少女出來拋頭露面，去競選「中國小姐」；選美會給評審委員訂了一些評審標準，全是科學化的，連眉毛長短，三圍大小，甚至嘴巴與鼻子的距離，都規定了「規格」。當時臺大美學教授拿了那張單子在課室中大加批判；以為若依這些標準去選，可能選出一位醜八怪來，原因在什麼地方呢？就是因為藝術的尺度，遠超乎了科技的、數理的尺度；而且，美是整體的，著重於部分與整體、部分與部分的關係，各部分本身不必要，而且亦不容許有獨立於整體的形式；因而，斷臂、瞎眼的缺陷，仍然可以是美的，連摩西的忿怒，在米開朗基羅彫刀下，也成了美術品。

近年來，國內研究美學的人，總是無悔無怨地在默默工作，耕耘這塊藝術的園地，把哲學中最美的部分提升，真是可喜的現象。只寄望這種研究，能漸漸蔚成風氣，而作為落實到百姓生活的生命層次，在建築、衣著、行動中表現出來：以藝術闡揚固有道德，以道德的勇氣來發展藝術的生命。

第八講

宗教

「宗教」因為是在哲學探討的對象中，最高深的一個層次，因此所遭遇到的非難也特別多；不但在哲學性的辯論中，它的課題常是有懸而不決的跡象，而且在人類現實生活中，它亦成為人類讚譽最多，同時亦咀咒最多的對象之一。但是，正因為它和人類的歷史同樣長久，亦就表示其與人性委實不能分離。而在哲學的探討中，宗教的課題亦不但不可偏廢，而且，更應該特別謹慎，庶幾在真、善、美的層次之上，發掘出聖的境界。

「宗教」的意義解釋不一，有以為「有所宗以為教者也」（《辭海》），有以為「以神道設教，而設立誡約，使人崇拜信仰者也」（《辭源》），有以為「祖宗遺教，垂訓後世」或「古人遺教，今人宗之」的意義。《說文》說：「宗从宀从示，宀謂屋也，示謂神也」，「宗」即指事神的宗廟；「教」則是「上施下效」，如《易經．觀卦》所言：「聖人以神道設教，而天下服矣。」

西文「宗教」一詞為 **Religio**，有連繫「人」和「神」的意義。

就在字義之外，宗教的涵義包括了禮儀、教堂、信徒、規誡、教士等。我們現就從宗教「史的發展」、「內在涵義」以及「當代意義」三方面，來探討宗教在哲學上的課題。

第一部分　史的發展

在宗教史的發展中，最先使我們想到的，就是那些古老的宗教傳統，像希伯來民族、印度民族，甚至埃及人的古代信仰，或我國古人敬天的事跡，都會放在考慮之列；但是，我們今天要討論的，不是宗教科學，甚至不是宗教學，而是宗教哲學；而且，是站在文化發展的立場，來窺探人類在追求神聖的過程中，所做的努力。因為是以文化發展的立場，而且又以「當代意義」為歸宿，因而，在史的發展範圍內，我們提出中國與西洋兩方面的宗教發展史；而把希伯來的、古代希臘的、古代羅馬的，都放在西洋的史跡中；把印度的、中國古代的、中國後來發展的，都放在中國部分敘述。

在今天，中國的宗教已經包羅萬象，有真的救人濟世的宗教情操，也有藉宗教之名圖私人之利的集團或個人；就在宗教的派系中，也有數不清的教派，各自發展並傳揚自己的信仰。要認清宗教的內涵，必須先在宗教史的發展中，看清其發源的背景，以及當時文化發展的情形，尤其在宗教本質中，認清其與人性的關係，才能進一步在今天科學昌明的時代，來探討宗教的意義和價值。

第一章 中國部分

我們今天所能知道的，中國古代的宗教，只能在甲骨文的占卜中得知大概。「問天意」的舉動，著實證實了我國古人「敬天」的事實。中國文化的起源，雖然在大平原上發生，但很快由游牧變成農耕，而以農立國的社會裡，哲學主題總是以人際關係為重點；人際關係自齊家到治國，甚至到平天下的構想，原都以修身為本；但是國際關係或是國內政事的決定，執政者在理知遇上極限時，就以「問天」的禮儀作為行止的準繩。占卜之舉，在在說明了天人關係中，天意才是人類行為的準則；而且，上天還可以透過各種自然現象，來顯示自己的意旨，「天垂象，聖人則之」，就是最理想的社會政治。

整部《書經》都在指陳「報應」觀念的宗教情操，但也在倫理規範上，支持著「天網恢恢，疏而不漏」的警語。《易經》所提示的，正是人文世界的一切表象，都可以用宇宙論的原理原則去把握和理解。

先秦諸子哲學的開創，無論是道家的特重「人與宇宙」的關係，或是儒家的專注「人與人」的關係，都設法用「行」的理解，去完成人生在宇宙之中的使命。這使命就是從修身做起，抵達獨善其身的「君子」，以及兼善天下的「聖人」。君子和聖人的設計超度著「人」，走向「仁」的境界。

在具體的人生與理想的宗教中，孔子選擇了具體的人生，他寧願「子不語怪力亂神」，他寧願「未知生焉知死」，但是，他卻把握了傳統宗教的精華，那就是「天人合一」的境界。老子以及道家「物我合一」或是「物我相忘」，也是宗教情操中的至高境界。

孔子所注解的《易經》，以及所作的《春秋》，亦都是展示出天理和人理間的共通之處，指出人性中的天性。

當然，殷商時代「天」中心的思想，由先秦的「人」中心思想所代替，「信天」的方法被修改成「修己」，而一切倫理道德的動機，也從「天意」漸漸落實到「人意」來，荀子的「人能弘道，非道弘人」的意見，十足表現出自然宗教已經被倫理道德所取代。雖然，孔子是否「敬天」的問題仍然在學術中爭論不已，可是，宗教制度被道德規範所取代，則是殷商到周朝思想變遷的一項事實。

當「天」的動機漸漸消失，而「人」中心的學說漸漸蔚成體系時，也正是秦朝併吞六國，中國得到統一局面之時。

秦始皇「做了皇帝還想做神仙」，說明先秦道德規範到了秦統一全國時已不足以構成修身的動機；從秦開始，到漢武帝，到東漢的道教，都在設法跳過「修身」的麻煩，而直接用畫符煉丹的旁門左道，來尋求長生不死之道，而根本忘記了先秦哲學所提供的「立德、立功、立言」三不朽。中國自秦漢之後的畫符煉丹，乃至於算命看風水，以及各種神話的誕生，都是文化沒落的象徵，都如同埃及用金字塔和木乃伊來企求永恆和無限，同樣的愚笨。

中國文化病態時期的畫符、煉丹、算命、看風水，漸漸地入了邪，蒙上了很濃厚的宗教色彩，不但有禮儀、教士，而且亦有教規和廟堂，儼然形成了一種多元的宗教，而且，這種宗教形式一直在影響著我國民間，至今仍然在民間流行著。

由秦漢而興起的宗教，固然具有宗教上的各種條件，但是，由於其所注重的，仍然是今生今世的一切；甚至，像看相之類的動機，仍然固守在功名利祿的追求上；而把宗教中更重要的因素——來生來世加以淡忘，或是根本不關心。佛教的傳入，不但在復興中國傳統的倫理「修身」上，有極大的幫助，而且在宗教情操上，加入了前生前世，以及來生來世的因素；使「修身」的動機，由秦漢沒落的局面，走向小乘的「報應」，走向大乘的「涅槃」。於是，無論販夫走卒，無論達官貴人，都可藉佛的超度，由前生前世轉入今生今世，再從今生今世輪迴到來生來世；從各種報應的因緣走向解脫的涅槃境界。

佛教的各種宗派，都在超度著各等人種，其教義、教士、廟堂、信徒、經典，在中國的發展，都遠超過其發源地印度本土。雖然，在初期的小乘「出家」的思想中，含有不少對塵世生活的輕視，但是後來，卻由中國文化以「家」為中心的社會觀，超度到「入世」的大乘。大乘宗派的興起，佛家弟子再也不一定非削髮出家不可；其信徒既可在來生來世享受西天的樂趣，又可以同時獲得今生今世的功名利祿，只要在內心保有「空」的意念。這也就是除了出家為僧為尼之外，在家修佛的居士，也是佛家弟子。中華文化的偉大處，就是能融道德與宗教於一爐。一個中國人，可以同時為儒家學者，同時為佛家弟子，二者互不衝突。

在人生哲學的各種問題中，佛教在中國的貢獻，最少有兩點是空前絕後的，那就是現實生命中的「貧富差距」，以及「善惡報應」，都由「輪迴」的因緣來解釋；這解釋拯救了沒落的倫理規範，這解釋創生了宗教情操。

在中國哲學發展史中，先秦輝煌時代不過三百年，而秦漢沒落時代竟有六個世紀之久，隋唐佛教的興盛則延續了八百年；無論其後的宋明，或是以後的哲學時期分段，在時間上都沒有那麼久長；況且，宋明之後的學者，又多不能脫離佛教的影響。

宋明以後的民族意識覺醒，所帶來的學術風氣，一方面想尋回先秦原始儒家對人際關係的根源，另一方面要賦予修身的純人文的動機，設法保有佛家的宗教情操，而擯棄其教義、禮儀，以及外在的各種形式。於是，佛教就如中國的其他非制度宗教一般，流傳於民間，其宗教本質也融合著道教、祖先崇拜，以及一般算命、看風水、卜卦等民間信仰，成為因時而異，因地而異的宗教形式，形成相當人本主義的自然宗教。

中國民間在各種人生大事中，如婚喪喜慶的各種禮儀、擇日賀詞等，都形成了特有的宗教形式。在我國風習中，就是最反對宗教的人士，甚至以為所有宗教的表現都是迷信的人士，都不會原諒別人新年時，在賞他的紅包中夾上一張冥紙。就是在二十一世紀的今天，也還沒有任何一間棺材店敢用「買一送一」的招牌來吸引顧客。

我國在二十世紀時代的宗教觀，固然在政治上，有共產黨徒在大陸迫害宗教，無所不用其極，而在自由地區則由於對科技的信仰，而忽視對來世的探討，但是，由於 國父孫中山先生，以及 故總統蔣公都信仰基督，而且都是虔誠的信徒，加上憲法規定的宗教信仰自由，各種宗教都能應人心的需要，而蓬勃發展；尤其在臺灣哲學界，大都能客觀地研究宗教，給予其在哲學上應有的地位。

近年來，臺灣因為歷經貧窮、富庶，嚐到了經濟奇蹟的各種好處，其價值觀也逐漸擺脫「往錢看」的迷思，而以「做功德」來為自己來生來世積德。九二一大地震的善後工作，宗教界所捐助的經費比政府的救濟金還多，就是明證。

第二章 西洋部分

西洋宗教的發源，在開始時就與中國先民不盡相同；希臘的神廟，無論在建築的形式上，或是神像的雕塑上，都充滿著人文的意味；尤其羅馬人的神明，其實只是民族精神的化身，相對於中國古代的占卜，羅馬人絕不要求「天意」，而是在人為的決定征戰之後，才向神明禱告，要求神明出面幫助。

西洋從奧林匹克精神繁生下來的奴隸制度，以及殖民政策，導引著宗教亦固守在此生此世的享受中；與我國秦漢之後的煉丹一般，專注於煉金術的研究。征戰與煉金，都發自佔有世界的心態。

政治中的戰神，貴族生活的愛神，成了西洋原始宗教的主題，其民間信仰，只是追隨國家社會所奠立的制度宗教，各種禁忌和規誡，也在各種祭祀中表現出來。

正如原始希伯來的至上神信仰一般，雅威只是民族的守護神，只是人格化而且要與異族的神明在天庭上一爭長短的神明。西方原始宗教的信仰對象，總是人文化的，尤其受了希臘神話的影響，神明雖然是神聖的，但卻不是至善的，甚至亦不一定是美的化身；祂只是能力與權力的代表，榮華富貴的擁有者與分配者，人類崇拜祂，也只是為了「我禱告，祢賜予」的商業式的動機。

從希臘哲學家柏拉圖和亞里士多德的辯證開始，才把宗教上信仰的對象理性化，使神明成為真、善、美的化身，成為一切存在的基礎，而且指陳出神明是人性追求的對象，同時亦是人性的最終歸宿。

羅馬時代的煉金，把對來生來世的追求，降低為此生此世的把握；當時哲學雖然以倫理道德為中心，但是，道德動機已不足以導引出百姓追求真善美聖的熱忱。在此期間，基督宗教的西傳，才是西洋文化的救星。

希伯來宗教最重要的貢獻，是人性平等的提案，以及工作六天休息一天的制度；這種提案和制度，直接拯救了西洋奴隸制度與殖民政策，間接闡明了宗教修行的動機。

基督宗教提倡的仁愛，使西洋的世界能一度擺脫競爭的心態；其教父哲學提供了各種教義與禮儀的藍圖，而士林哲學更發揮了體系的建立，給神學提供了穩固的哲學基礎。

從對人性極限的感受，所提出來的「原罪」教義；以及「道成肉身」的信仰，所昭示出來的「天人合一」，都在指出至上神信仰與中國佛教不相同的地方。人的靈魂是「上帝肖像」的教義，倒是與「人人有佛性」的說法，非常相似。

中世政教合一的實際情況，使宗教情操與政治糾紛總難以分清，政教的利害衝突，最後也造成了宗教沒落的危機。文藝復興與啟蒙運動的政治社會的改革，畢竟把宗教情操也同時揚棄。

但是，基督宗教的一些教義，像人性極限與對上帝的依恃，畢竟仍然能夠在制度宗教失勢之後，保存著民間的信仰；尤其在西洋最興盛時代的十三世紀，成立了各地的大學，而大學中的神學院，至少至今仍然能以學術的立場，支持著宗教教義以及宗教情操的不墜。

綜觀宗教的功能，無論中西，都在於拯救文化危機；尤其在道德規範無法給人以行動的動機時，宗教的報應概念總可以派上用場。無疑地，宗教教義中的賞善罰惡，對社會中作惡之情事，總有阻嚇作用。

當然，在積極上，宗教絕不止於阻嚇作惡，而是勸人為善，勸人修心養性，使自己的生活清高，把人性中的神性和佛性彰顯出來。

和臺灣的「做功德」的價值一般，西洋亦開始了宗教復興運動，尤其大學生在校園內的團體組織，有意地把制度的宗教，導引回心靈的內在修養，這也是厭倦了榮華富貴的物質生活之後的靈性反應。

◎第二部分　內在涵義

「宗教」在於給人信念，相信自身有擺脫一切束縛的，甚至超越自身的可能性；而這種可能性的實現，則全靠當事人的力行。

從力行而到超度的途中，中西宗教發展了不同的存在模式：中國從人本精神的修身開始，接受並消融了佛學思想，一方面相信「人人有佛性」的說法，另一方面卻認定一切以修身為本的原理，即是說，東方宗教的特色，總是相信人類自身有足夠的力量，解脫與超度。這種結合自然與本性的宗教觀，統稱為自然宗教；它的廟堂總是建築在深山風景最優美的地方，而其色彩則構成「萬綠叢中一點紅」的美景。至於廟堂的外形建築，總是把屋簷捲起，尤其佛塔一層層的往上超越，完全象徵著自身能力的向上發展，直指無限。

而西洋宗教在開始時固然在人本方面落實，相信人性的能力，但是，由於希伯來信仰的輸入，使人覺察出自身的極限，其宗教情操因之步向「依賴」與「信仰」的實踐；人性由於自身的墮落，終於到達萬劫不復的地步，必須由上帝的大慈大悲，遣發其聖子，藉道成肉身的降凡，來拯救人類。基督宗教不但在教義的表達上，強調信徒的信、望、愛三德，同時亦在各種禮儀上制度化，使人在禱告中自承罪惡感，因而引發出依賴上帝之情；在士林哲學本體論中，就指出上帝是自滿自足的存在本身，而世界和人類則是依賴上帝而存在的偶有事物。尤其在落實到教堂建築上，無論是哥特式的「舉心向上」意象，或是羅馬式的得到上天庇護的感受，都不像佛教廟堂或佛塔的自力表現，而是在教堂或鐘塔之上，安置了十字架的記號，表示人與上天的連繫非借助耶穌基督為媒介不可。

雖然，中西宗教的超度自身的方法，有如許的差別，但是，其超度自身的目的則一，其使人超凡入聖的動機則一。

因為宗教要使人超度自己，因為宗教要引人超凡入聖，因而，人性在超度後的神聖境界總是神祕的，非庸俗的知識層次可與比擬的；這就是宗教最不容易獲得知識諒解的一部分，但同時卻是宗教最真實最寶貴的部分。超理性甚至非理性的神祕境界，一定要達到「不可說，不可說」，或是「隱祕的上帝」(Deus Absconditus) 的地步。人性也就因此，在宗教情操中，從此世瞻望著彼岸，從今生今世的可視世界，踏上來生來世的征途。

因為宗教的目的要從人的現實生活中，超度人性，而從今生今世走向來生來世，因而，其超乎理知的教義，以及合乎理知的禮儀都是必需的，還有，掌管禮儀，解釋教義，使之因時制宜的教士以及宗教的組織也是必需的；甚至，教士與信徒行禮的教堂廟宇也是必需的。也就因為宗教的存在是為了人，而在人文世界中，形成文化中很特殊的一環；我們在中、西宗教發展史中，已經窺見了宗教時期都是佔時最長的一段，其文字所留下來的作品，無論是佛學或基督宗教中的神學和哲學，都是人類文化遺產中，最豐富、最多的一種。佛經與《聖經》的傳誦，更不消說，亦是流傳最廣的著作。

宗教在修己的工夫上，無論中西，都在用最刻苦最努力的方法；在尋找內心的平安努力上，亦遠較其他的學問或組織更甚。甚至，由修己擴大出去，到達及人的地步時，都在提倡仁愛和慈悲；一個真正的信徒，是不可能與暴力妥協的。

因為宗教的基礎不是奠基在今生今世的成敗利害上，因此，其教義的準則亦不以此世的是非為標準，它可以是悖理的；因為它是從彼岸來的信息，因而亦可以與人間世的利害相衝突，它的智慧亦很可能被塵世認為愚笨；甚至，科技層次以為死亡是生命的終了，而宗教則教導人，死亡不是生命的結束，而是另一個生命的開始。

西洋宗教因而亦可以用亞伯拉罕作為信仰之父，由於其行為超乎了感性和理性，甚至超越了倫理規範；佛教亦可以超乎著孝行而出家修道，釋迦牟尼因而在離家但在普度眾生的情事上，受萬世的歌頌。

人性在自己的極限上，尤其在絕望的邊緣上徘徊時，宗教永遠是一種寄託。詩人但丁在政治生涯結束，而又寫下《神曲》中的地獄，大罵政治敵人之後，有天深夜，敲了一座修道院的大門，當修道士問他要什麼時，他回答：「我要求平安！」中世大哲奧古斯丁亦在《懺悔錄》中寫道：「除非安息於祢，我們的心永無寧日。」

正如植物向著陽光，人的心靈亦向著永恆開放；在真、善、美的追求都在進行的同時，總要安息在神聖的境界。文藝復興時代的法蘭西培根，在其所著《科學的拓展》和《神聖的默想》中重複地說出：「一點點兒哲學引人到無神主義，偉大的哲學則引人歸向宗教。」

第三部分　當代意義

宗教的當代意義的課題中，最先要提出來討論的，是「人性」究竟是否「自滿自足」的問題。人的生從何來，應做何事，死歸何處的三重問題，是否為人本主義者所能解決的？人性在自我完成、在自我超越的途徑中，沒遇上困難則已，一旦遭遇到極限，是否必須有一種宗教的寄託，才能夠把存在的基礎安穩下來？

在人性的極限中，死亡也許是最後的，但亦同時是最大的極限，用人本主義是無法越過的鴻溝。人類在面臨死亡時，就已面對著無限和永恆，同時也開始意識到自身受著時空束縛的渺小。在對死亡的掙扎中，除了醫學上的努力之外，不然就是以立德、立功、立言的三不朽，來強調精神的永恆性，不然就走入邪道，做木乃伊或是煉丹畫符，來企求肉體的不朽。雖然正邪的道途不同，不朽的追求則一，佛與道的「涅槃」和「物化」，基督宗教的「天國」，亦都在指出人性的歸宿，應突破時空，而進入永恆和無限，而超凡入聖。

我們要明瞭宗教的當代意義，除了宗教歷來所給予人性的解困的事實之外，目前最具體的，也許就是由於宗教情操的低落，而使整個社會生活失去往昔的安寧；其中最重大的，莫如思想基礎中的「貧富差距」與「善惡報應」二大課題。

在工商業發展的國度中，百姓的貧富差距是必然的現象，一個人出生在一定的家庭背景中，貧富智愚，環境好壞，都是「命」定的，沒有一個人生前有自由選擇自己的父母親戚、國家民族、時代背景；每個人在出生時就「註定」了其生活環境、發展的可能性，不但姓氏國籍種族都已被「命運」安排好，甚至貧富貴賤亦已定案。對這種「命定」的反應是什麼呢？往好一面去看，則是自身加倍努力，從貧中求富，在賤中求貴；抱著無比的耐心，縱使自己辛苦一生，也要為下一代的「富貴」鋪路。但是，往壞的一面去看時，則有人打抱不平，用不正當的方法貪財枉法，甚至，搞群眾運動，指出貧窮是因為有錢人在經濟上剝削了窮人，才造成了貧富不平的現象，更進而挑撥窮人翻身，去鬥地主，去分富人的財產。共產主義的無產階級革命，就是在這個思想基礎上建立起來的。

在宗教信仰的時代裡，總是把生來的地位看成「命」，而使社會各階層「安貧樂道」，或以原罪的遺害來解釋，或以輪迴的前生前世作了孽，理應在今生今世受罪，好使在來生來世時有好報。宗教的「命」的解釋，至少有安撫作用，不若共產主義的煽動鬥爭來得可怕。但是，由於當代宗教情操的沒落，人們多以「命運」為迷信了，在破除迷信的前提下，誰都不認命，老百姓不認命也許會去努力，求得功名利祿；但是，官員們不認命，也許就要變成貪官了。除非有一種學說，足以取代「命」的解釋，否則單以破除迷信一途，總是弊多利少的。

與「貧富差距」有唇齒關係的，就是「善惡報應」的問題。在有信仰的時期中，人們相信「善惡到頭終有報」；但是，宗教情緒低落之後，「報應」觀念已不足以使二十一世紀的人信服；因為在今生今世並沒有報應的絕對性，而今人都對渺茫的來世不感興趣；因而，作惡做壞事之風就再也沒有宗教的阻嚇作用去制止；但是，人本精神的倫理規範，又不足以教人行善避惡；於是，社會中漸漸被只有利害關係，沒有是非觀念的情形所籠罩，作惡的人也就更放心大膽去作惡了。

對來世的信念問題，唯有宗教才能解答，而且，唯有有宗教情操的人，才能夠領會到來生來世的意義；也唯有能夠接受報應學說的人，才能在倫理規範上，加上實行的動機。

也就在安定社會的功能上，「貧富差距」、「善惡報應」的問題，需要宗教來解決；法治的信念雖可防範部分罪惡的發生，但是，唯有「天網恢恢」的信仰，才能在治根的事功上，使社會上下安分，用正當的方法，發展與進步。

目前，在自由民主的社會中，宗教的情緒一天天地低落，功利主義、實用主義、享樂主義不斷地抬頭，「差距」與「報應」的信念越來越淡薄，但是，卻找不到直接可作為代用品的學說來補足，因而，貪汙與不法之徒隨處可見。而反過來，在共產極權社會中，雖然不斷地迫害宗教，不相信「命」與「報應」，但是，卻用「階級鬥爭」的方式，來解釋社會問題：指出「貧富差距」乃由於有錢人剝削了窮人，因而，指出「善惡報應」的最合理途徑便是「窮人翻身」，去鬥有錢人，去分他們的財產。這種解釋雖把人性導向了獸性，可也真的實踐了共產主義主張人與人之間的鬥爭理想。

主張仁愛互助才是人際關係主流的自由地區，尤其是主張三民主義的反攻基地，總應把握　國父對進化學說的見解：從獸到人是可以由鬥爭形成的，但是，既成人形，就應以互助和仁愛，作為走向神性的過程。擯棄鬥爭，宣揚仁愛，先決的問題還是要解決「差距」與「報應」問題。

康德在西洋哲學發展中，也曾為了當時宗教道德的沒落，而提出了「公準」：人的自由、上帝存在、靈魂不死三樣東西。因為人有自由，所以對自己的行為要負責；因為上帝存在，所以人的善惡有最公平的報應；因為靈魂不死，所以才會得到報應，不在今生而在來世。

站在莊子的「天下有道，聖人成焉；天下無道，聖人生焉」的原則，上面提出的社會功能的「小乘」看法，只是宗教消極方面的作用；宗教上的「大乘」則如本文內在涵義中所闡明的，是人性的提升與超度。

人性不找出路則已，要找出路，必然是在科技的知識之上，尋求倫理的善，藝術的美，宗教的聖；而在人本的道德規範不足以構成倫理行為的動機時，只有宗教情操才足以解決。今生未能給予完美的答案時，只有來世的信念才能補足。

近年來臺灣在「做功德」一事上奠立了非常良好的基礎，它和基督宗教的「博愛」相通。像慈濟功德會，幾乎可以說，已經蔚為世界宗教；因為，哪裡有苦難，哪裡就有慈濟的姐妹在救苦救難。「苦難」原是人類不可避免的命運，但宗教的「救苦救難」精神，正是宗教的本質，也是人類擺脫命運的救星。

「做功德」原是東方「制度宗教」（佛、道）以及民間信仰共同的智慧財產。有其「賞善罰惡」的倫理道德基礎，也有其「輪迴報應」的宗教信仰基礎。目前臺灣在人生價值觀上，「做功德」的確是抑惡揚善的最佳生活模範。

西洋宗教以「基督宗教」為大宗，但派系林立，甚至有宗教戰爭，天主教因為有嚴謹的制度，其統一性比較明顯。一九六二至一九六五年羅馬召開的梵蒂岡第二屆大公會議，呼籲「宗教合一運動」，有意去除教派與教派間的不協調，而使信仰合一，算是宗教界大事。

在臺灣，許多佛教派別都在興辦大學，在學術上把宗教奠定基礎，也是很好的現象。

第九講

神

在人類生活中，宗教是精神生活發展的高峰，而在這高峰中，人的精神必然成為「聖」的，與倫理中的「善」，藝術中的「美」，知識中的「真」，同樣是人性發展的極致。在這神「聖」的境界中，人的精神開始直接與「絕對」相遇：這相遇的對象不再是知識的對象，不再是把握的對象，也不再是追求的客體，而是與人的精神合一的存在。在這種相遇的境界極峰中，西洋宗教哲學稱之為「神」，稱之為「上帝」；而在東方的宗教哲學則以「道」或「涅槃」來形容。東方哲學的「得道」或是「涅槃」境界，完全在指出人性本身之透過聞、思、修的哲學三慧，而進入的一個「最後」的終極。它是人性「修」來的善果，是人性超度的一個目標；而西方宗教的「上帝」，則不但是人性超度後要與之合一的一種終極存在，不但是人性「神性化」的一種效果，它還是人性修成的最終原因；人性的修成，由於本身的極限，由於人性本身不是自滿自足的，因而，需要外來的援助，這援助就是上帝的恩寵。在基督宗教的教義中，人的一生，其修持向善的各種力量，都來自上天的恩寵，都是上帝的賜予與人本身的合作。於是，在西洋宗教的中心，必然有「上帝」的存在地位。

國父孫中山先生在修正達爾文的進化學說時，亦曾以從獸到人，從人到「神」的進化遠景，來提升人性的地位，其把中國傳統人生理想的「世界大同」，看作是「天堂境界」，也是融通中、西兩方的人生終向。

今天，我們來談超越的上帝，來談創造宇宙、掌管宇宙的神，也即是在「小乘」宗教中對「貧富差距」，對「善惡報應」給予最公平處決的上帝。我們從希伯來信仰，從希臘辯證，甚至從中國先哲的「天」的概念，或者百姓所敬奉的神明主宰的各種信仰中，站在哲學的立場來討論。

因為站在哲學立場，要用辯證找出「諸因之因」，找出「存有本身」，因而，上帝就不僅是「亞伯拉罕的上帝、依撒的上帝、雅各的上帝」，而是「雅威」；不再是一個民族，一種文化產生的神，而是能超乎國家種族，成為全人類的「雅威」（希伯來文中，「雅威」的意義是：「你需要時，我就在」；「你需要時，我就和你在一起」）。當然，因為祂是全宇宙全人類的「雅威」，所以不但以「終極因」的超越的姿態出現，而且是在每個人內心賜給平安的至親好友的方式存在。這種「在人之外」，但同時又「在人之內」的神，於是形成了西洋宗教中理性主義與神祕主義的分野，同時亦以分工合作的方式，把神的超越性與內存性，發揮得淋漓盡致。

我們現就分成三部分來探討「神」的課題。

第一部分 史的發展

有人說，人的歷史創造了神的歷史；這句話的最大困難，也就是「人」本身的存在來源問題，然後就是伴隨著存在而來的創造歷史的潛能的來源問題。除非人類能證明出，自身就是存在本身，而且是自滿自足的，否則就無法說明人創造神的假設。

儘管神不可能是人創造的，但是，「神」在人文世界的出現，卻是後於人的（整個人文世界都後於人；因為，人不是人文世界的產物，而是自然世界的產物，人在自然世界出現之後，才用自己的智慧創造了人文世界）；亦即是說，在人的歷史中，「神」漸漸地出現了，「神學」也漸漸地變成了一門學科，難道這種現象，還不證明人創造了神嗎？原子筆是人文世界的產品，是人創造的；難道神觀念在人類的思想史中，不像原子筆一樣，亦是由人的理念想出來的？

在歷史的發展中，我們必然要在哲學的探討裡，指出認知的次序和存在的次序，二者的分別。當然，在認知的次序上，上帝是最後被認知的；可是，在存在的次序上，神卻是最先存在的。因此，關於「神」的被造或創造問題，原就是知識論與本體論之間，夾縫中的課題。

在史的發展中，我們分二章來探討。

第一章　中國部分

中國哲學的研究者，向來都從人本的儒家和道家談起，進而討論諸子百家；當然，在這種人本的學說中，人事的探討成了中心，而其原則亦就落實到「未能事人，焉能事鬼」的實踐哲學中；無論是儒家的「禮」，或是道家的「無為」，其實都在「修身」為本的原則上落實。關於「天」的概念，總是在存而不論的情況下，不直接提出探究。但是，在殷商時代的龜卜，帝王和百姓所祈求的，所詢問的，都是有意志的「天意」；天意不但成為帝王行事的準則，它也是賞善罰惡的主宰，整個的「天網恢恢，疏而不漏」，都在給予人本精神的倫理道德，作一最終的基礎和動機。「天垂象，聖人則之」的自然解說，固然有其道理在，但是，卻並沒有揚棄「天」的意志性；河出圖，洛出書的奇象，也並不就是今天說的，純物理的法則。古書中的「天」，許多人給予自然律的解說，但是，自然律與天道，以及有意志的天，並不是互相排斥的。

《書經》中的「報應」觀念，《墨子》書中有意志的天，以及對鬼神存在的論證，都在說明中國古代哲學中，對「神」的問題，確實也關心過；雖然不如宗教信仰中所談的那麼積極，但是，使它變成探討的課題則是一致的。

儒家的開創，以「盡人事」為中心課題，「天何言哉」的感嘆似乎只在描述自然現象之追求原因，尚且無法說明這「天」是機械的，或是目的的，可是，在「獲罪於天，無所禱也」的訓誡中，至少表明了孔子是敬天的，他是在做禱告的，而且亦相信禱告可以獲得罪之赦免的；不然怎麼會把彌天大罪，當作沒有求饒之處？在孔子學說中，天是祈禱的對象，而不是知識探討的對象。只要我們把孔子對「天」的章節都找出來研究，自然會有這種結論：「子不言怪力亂神」，「未能事人，焉能事鬼」，「獲罪於天，無所禱也」等等，都是在說明孔子在學生面前避免用知的尺度，來衡量天；而是要用虔誠的宗教情操，來處理宗教的信仰對象，如「祭神如神在」的心境做禱告。

道家起源於探討人與自然的關係，在自然法則的最高處，設置了既屬超越，又屬內存的「道」概念；這「道」是人人所追求的，但它不是認知的對象；它是不可知、不可言、不可指引的；但是，道卻是萬物之宗，是先天地生，是創生萬物的最終存在。在知識層次中，道是無；但是，在本體層次中，它卻是最終的實在；在人性追求得道的途中，所用的方法是無為；但是，其修養的工夫則是最高的有無，像莊子的心齋、坐忘。道家的道因為既是超越又是內存的，極似西方的泛神論、萬有神論的說法。以哲學發展史的對應關係來看，先秦道家的「道」概念，極似古希臘的「羅哥士」(Logos) 概念，同為宇宙的法則、天地的終極、世界的靈魂、人類的理性、推動的原因與終極的目的。

在道家中，莊子是非常特出的思想家，他不僅把道的「無所不在」指證出來，而且自身的修鍊，到達了「與造物者遊」的境界；其〈大宗師〉中的「吾師乎！吾師乎！」還有「真君」、「真宰」的表達，都在設法提出人與終極存在的關係，是嚮往的至誠，大有西哲柏拉圖或奧古斯丁的「追求」概念之概。

從先秦所流傳下來的這種作法，在知的探討上，對神存而不論，但卻把祂當作崇拜的對象，這種情形一直影響著中國人後世的人生觀，尤其在宗法社會中表現得最為清晰，那就是「崇拜」的宗教儀式的分工情形：天子祭天，諸侯百官祭山河之神，老百姓祭祖、祭灶神、祭土地之神。這種宗教禮儀的制度劃分，使一般老百姓不能直接祭天，而只能透過祖宗之崇拜去敬天，原就是中國哲學向來的思考路線：用愛人表示敬天，用事親代表敬神；與耶穌基督《新約》中的教訓極相符合：「若不愛看得見的弟兄，如何能說愛那看不見的上帝？」

佛學在中國發展的前因後果，是在拯救秦漢對人生哲學「修身」的沒落，因而可以用「無神」的宗教體系；但是，其涅槃境界的最終描寫，卻與有神宗教的人性最終結局相同。

宋明對天的義理解釋，大多受了佛學自然主義的影響，著重修身之後的境界，而不問修持功力的原因；對神概念的探討，要比先秦更模糊。

敬神的宗教行為，於是沒有在哲學中發展，反而在民間信仰中，表現出來；甚至，在佛教廟堂中，亦供奉著神像，更甚者，把釋迦亦當作神明崇拜。

在中國哲學發展史中，顯然的，對神概念探討不夠積極，因之亦不夠清楚；其哲人對神的尊敬和崇拜是有，但對神學的發展卻無。中國哲學家把哲學的範疇局限在道德哲學中；而且就在道德哲學中，倫理規範的探討也遠不如道德實踐的積極。因此，對在道德哲學之上建立的形而上學或神學，沒有顧及；而且，在人生哲學所導引出來的下面部分，即是自然科學的層面，亦不像西洋哲學，發展出科學哲學的體系。因此，在中國哲學中，要抽離出「神」的問題，是件非常困難之事；正如希望在中國哲學家中，要找到「科學哲學」的因素一般，幾乎是不可能的。

中國當代哲學的發展，固然仍以道德哲學為中心，設法以人本主義的架構去網羅哲學所有的課題；可是，這種嘗試由於中西交往的關係，早已漸漸地衝破道德哲學自身的藩籬，一方面走向形而上的基礎追尋（包括本體論、宇宙論、甚至神學），另一方面則落實到科學哲學的修習中。二種方向所得出來的結果所不同的是：形而上的發展不但不反對傳統的道德，而且設法給予它更鞏固的存在基礎及動機；可是，科學哲學的嘗試，則在未建立足夠的體系之前，先去做破壞的工作，反對形上學，反對傳統道德。

人性的確立，若以道德為中心，顯然的，必會在形而上的基礎中，去尋找最終實在來支持實行的動機；「神」學的發展，在中國哲學的未來展望中，必然是一條可行之道。雖然這種神學不會也不必要和西洋的神學一般。

第二章　西洋部分

西洋原始宗教從神話開始，其時神明並不一定是人類崇拜的對象，而有時只是政治利用的對象。希臘哲學的伊始，把眾神用辯證的方式，歸結到至上神的地位；在二元宇宙的設計中，無論蘇格拉底的正義的來世生活，或是柏拉圖彼岸的至善，或是亞里士多德的「第一原動不動者」，都在漸漸地勾畫出神性的崇高地位。

中世哲學把希臘諸哲在辯證中得出來的成果，設法與「雅威」的意義連結起來，而認定神的本質就是「存有本身」，因而建構了神學哲學的藍圖，並以之作為形上學的終極基礎。這「神」概念，經過教父時代的心靈感受的表現，再經士林哲學理性的分析，終於奠定了其存在、其本質、其行動，以及其與世界人類之關係。

奧古斯丁用心靈的哲學體系，用內心嚮往幸福的事實出發，用追求、記憶、光照等學說，一方面闡明了神在個人內心的引導，另一方面述說了神在人類整個歷史中，所作所為。在奧氏看來，人的心靈就是神存在的保證，個人也唯有在回歸內心時，才能夠與神相遇；神的最主要功能，就是在滿足心靈的渴慕。

多瑪斯在消極上反對安瑟倫的本體論證，以為上帝存在的事實本身不是自明的，需要理知的疏導；在積極上推出了「五路證明」，用因果原則，從宇宙現象的觀察，找因果系列，然後推論出諸因之因，而名之為神。也就在各路證明中，獲得的各項成果，像「第一原動不動者」，像「諸因之因」，像「絕對必需者」，像「完美無缺」，像「宇宙掌管者」，都成了上帝之本質和屬性。

「神」存在的證明，在西洋中世哲學中，成為相當重要的課題。當然，在十三世紀士林哲學極盛時代，主知主義者所推論出來的神，是超越的上帝，對《舊約》中的「雅威」的解釋，只是「存有本身」，以符合希臘哲學的辯證成果；在另一方面，也非常適合西洋哲學中絕對上下二元宇宙的設計：觀念界的極峰自然就是「存有本身」，而其下的所有觀念，以及整個感官世界，都在分受這「存有本身」的餘蔭，因而，都是偶然的存在；相對於神的絕對來說，整個本體論，都在指證世界是偶有性的，是受造的，不是自滿自足的，在哲學追尋最終原因和原則的觀點下，由世界的具體存在，必然可用「類比」的方式，證明出抽象的、理念的「神」的存在。

西洋十三世紀的哲學中，除了用「理」去證明神的存在之外，就是主意主義的「追求」概念，以及主情主義的神祕主義，他們用心靈的「感受」，說明自身與神交往的體驗，而在人的心靈深處，擺設供奉神明的祭臺，以為神不是，亦不可能是認知的對象，而只是崇拜的對象；而《聖經》亦不負責給予知識，而只是報告「從彼岸來的信息」。

西洋中世哲學所描繪的「神」的相貌，一方面是超越的，是宗教中「至上神」的畫像；另方面則指出了神的內存性，祂住在人的心裡，滿足人性的情感。

可是，這些哲學的探討，都在神學的大前提下進行，亦即是說，天人間的關係，是透過耶穌基督建立起來的。耶穌基督的神性和人性的結合，在「道成肉身」的教義中，使人性和神性能夠合一，祂是天人合一的具體表現；也就因此，人性由於分受了神性，而能透過接受恩寵而神性化，這種神性化的後果，不但聖化了人的靈魂，也不但救贖了人的原罪，而是聖化了整體的人。早在希伯來信仰中，以及在柏拉圖的哲學裡，神性的降臨世界，就是人性的受造；而在中世哲學中，基督的道成肉身，就是神性再度超度人性的實現。

中世哲學與神學相遇之處，也就在於理知與信仰相遇之處，「知」與「信」的融洽，雖在表面上去討論神學和哲學的分野，事實上卻是指陳人性在超度自身的層次上，從可理解的層次，走向了超理知的境界。宗教哲學的神祕部分 (Deus absconditus)，本身就超越了哲學的極限。

由於唯名論把哲學局限在知識論中，本體的神一降而為認知的對象；「神」概念終於被蒙上了模糊不清的罪名，而遭到否定；再加上文藝復興的民族意識的反對中央集權，以及啟蒙運動的人性呼喚，宗教情操的墮落，連帶了「神」概念的揚棄；「知」的崇拜與「理性」的專制，終於導引出神祕世界的消失。

康德與德國觀念論的出現，雖不直接替神學和宗教說話，但是，其宇宙整體的設計，從認知到道德的實行，從道德的善到宗教的神聖；最後雖以辯證為思想架構，但是，本體神學 (Onto-theo-logie) 的推出，畢竟仍是德國觀念論的思想最高峰。知識、倫理、藝術、宗教的全盤肯定，以及宇宙立體架構的建立，又重新把人性所追求的真、善、美、聖，拉回到哲學的殿堂內，而與傳統哲學銜接起來，使近代末期的西洋思想，仍然把哲學看成科學之科學，藝術之藝術，宗教之宗教。(Scientia scientiarum, ars artium, religio religionum)

西洋思想在現代揭開了序幕之後，自然主義的唯物、實證、實用、功利，都在設法除去「神」概念，而另在本體論中，建立起「物」的靈位來供奉。在代表正義和仁愛的「神」除去之後，西洋古代的奧林匹克精神又死灰復燃，而終至造成了奴隸制度和殖民政策，危害著世界和人類。

西洋二十世紀的覺醒，一方面透過士林哲學的努力，把「神」概念重新拉回到哲學課本中，另一方面，哲學界本身亦在鑽研中世著作原文，發現其中哲學所在，並非如十九世紀後半期所作的評價：「黑暗時代」。歸納形上學的努力，新康德學派的再起，都在平面的「知」之上，加蓋了人性立體的樓房。

從現象學與生命哲學所導引出來的存在主義，一方面從富饒的心靈中感受出「神」在人心中，成為交往的必然對象，而解脫心靈在工商業高度發展中的孤獨和隔離感；另一方面卻也顯示出貧乏心靈被困在隔離中，對「神」性的忿怒和咆哮，而暴露著人性醜惡的一面。

尼采的「上帝死亡」，邏輯實證論的「神」無意義的批評，以及共產國度的迫害宗教，都在顯示出人性追求真、善、美的過程中，踏上歧途的可能性。尼采「超人」的設計，邏輯實證論對「檢證」的絕對要求，共產主義所追求的「公」，不都是在指出人性，在嚮往著彼岸的來臨？

在西洋哲學史的發展中，「神」概念總是哲學探討課題之一，無論贊成祂或反對祂，也無論把祂當成認知的對象，或是崇拜的對象，或者是反對的對象。

第二部分　內在涵義

在哲學上「神」概念成為一課題，就是因為它是人性內心交往的對象之一；祂不但是宗教中必須預設的一環，祂也是形而上考察的必然結果。關於「神」的內在涵義，我們且從兩方面去探討：神的存在和神的本質。而且，存在和本質的探討，都站在人性交往的立場去看。

第一章　神的存在問題

在引言中已經提及的，西洋宗教的「神」是有位格的，而東方宗教則是人性發展和修鍊的成果；因此，「神」的存在問題，在西方盡可用辯證的方法，指證出神的客觀存在；但是，東方宗教總是要用心靈的感受，才能意識到神性的內存性。

因此，神存在的證明也就在於「理」與「心」兩條路線；一般說來，前者出自西洋辯證系統，而後者來自神祕經驗；前者可以當作學術來研究，後者唯有透過宗教體驗才能獲得。

因為神祕主義者的神存在，不可言傳，只能領會，我們在這裡也只好存而不論；至於用理知去證明上帝存在的方法，則是本文的主旨：也就在證明之中，亦有兩種不同的見解：一種是安瑟倫的「本體論證」，是為上帝存在的事實是自明的，以為「凡是不能想得比它更大的，必須存在」；當然，這就指出神的存在等於本質，本質等於存在。神的本質就是存在；如果不存在的話，就已經不是神了。這種純思考法則的證明，當然無法在理性上獲得全面的承認。

另一種是以多瑪斯為核心的因果法則的「五路證明」，是集合了柏拉圖與亞里士多德的辯證，利用類比法則的推論，從自然界與人文世界的偶有性，推論出神的必然性。

當然，「類比法則」的運用，預設了「分受」系列的存在：從最具體、單獨個別的事物開始，應用理知天生來的「抽象」和「歸類」的能力，一級級地超越，終至歸結出「存在的存有」、「最高的存在」、「絕對的存在」、「完美的自身」。原來，人的理知，天生來就有歸類的能力，能抽出共相，而留下差別相；就如從個別的人，張三、李四、王五、趙六，而抽象出共相的「人」概念；再從人與獸而抽出「動物」，從動物與植物抽出「生物」；由生物與死物抽出「物」而成為包羅天地萬物的最高「存有」概念。

這是在靜態的宇宙觀察中，所獲得的形而上的存在基礎；在動態的人生觀察中，人性的向著真、善、美、聖的傾向，在一切相對之中找尋絕對，在時間之外尋求永恆，在空間之上奠定無限，總是設法使自己的心靈找到「絕對你」，作為消除孤獨、解除寂寞的交往對象。人性生來的「相互主體性」，就在說明存在的關係中，個別的、具體的存在，如何嚮往著「存有」，如何以一種「歸根」的傾向，和存在階層的頂端相連繫；正如花朵向著陽光，人的心靈也向著絕對。這種說不出來的，不可說的神祕經驗，也就和神祕主義殊途同歸，同時找到「神」存在的明證；當然，這明證在當事人心裡是清晰明瞭的，可是，他就無法用有限的語言去表達它。

因為「神」是哲學中的神，但同時又是神學中的神，祂一方面是人類的認知的對象，但更是人類心靈崇拜的對象；因此，祂的存在也絕不能用數理法則去證明，也無法用自然科學方法去檢證。

第二章　神的本質問題

本來，要談神的存在問題之先，應該先問及其本質的課題，正如「人」在具體世界中並不存在一般，因為在具體世界中，「人」是個別的，都是以張三、李四來呈現；你總不能找出一個「純」人來。同樣，在對「神」的探討中，我們就難以想像祂的個別性，而當以共相的方式去思量祂；因為祂不是感官世界的存在，因而，對祂的描寫，否定詞總要比肯定的形容詞來得恰當；就如：神是無界限的，神是無限的，神是無形無像的等等，甚至在知識論上，說出祂的不可言狀，不可形容。

就在神存在的各種學術的，以及非學術的論證中，宇宙論中的「目的論」以及「創造說」，不但在說明人文世界各種觀察的因果系列，而有「形成因」以及「目的因」，而且應該用類比的方式，把人文世界的原則，應用到自然世界之上，因而，「神」在積極的意義上，也就成了宇宙萬物的形成因，成了世界的造物主；這是在「存在」層次上去探討神的本質所涉及，對外活動的描述，是由因到果的本體路線；而在認知層次中，是由世界中的理性，走向超越的神的路子。在另一方面，由世界各種活動的目的指向，從認識和追求的動的立場，發現了從世界走向神的一條通路。因此，神成為宇宙萬物的最終目的。

因為神是造物者，因而是存有本身，是諸因之因；因為神是目的，因而是真、善、美、聖的化身，是人生和宇宙的終極。

如此，西洋哲學總是要把上帝看成一切的「起始」和「終了」。

在哲學的探討範圍內，對「神」的本質問題的推究，真如點著燈去找太陽；人性理知所持有的極限，要以有限的智慧去把握無限的本質，在邏輯上已成為不可能。對這種情況的處理方式：東方的宗教哲學是用「不可說，不可說」的境界來形容，指出了人性的極限，與暗示了神性的無限。西方基督宗教的看法中，以為唯有神自己給予啟示，把自己介紹給人類，才真正展示出神的真面目。因此，西洋宗教哲學強調「信」，而東方則強調「悟」。

第三部分　當代意義

在故總統蔣公信仰生活中，曾經述及經由對世界的觀察以及生命的體驗，就總會覺得宇宙間「冥冥中有上帝」；這是西洋哲學中「類比」法應用的成果，也是人性天生來的一種認知能力。人生存在宇宙之中，生存在人際關係之中，雖然在具體上問及「如何」生存發展下去的課題；但是，往深一層去問時，總要涉及「為什麼」生存，問及人生的目的。姑且不論「上帝造人」以及「人追求上帝」的循環看法，或者是「人性自身的神化」的直線發展，神性之成為人性生存和發展的目的，當無疑義。

現在的核心問題是：人性本身是否自滿自足？它的天性是否足以使自己從人性發展到神性？關於這問題，東方宗教的答案是肯定的，而西方宗教則給予否定的答案。但是，這兩種答案背後，都隱藏著一項相同的要求，那就是人性要用「宗教」來陶冶，才能「神化」，才能進入「涅槃」，才能「得道」。

進一步的課題是：人性向惡的傾向與向善的傾向，都集中在人一身，如何擇善避惡？哪裡來的擇善避惡的力量？在這種人性的自覺中，希伯來宗教以「原罪」來解釋，而印度宗教則以「人人有佛性」的信念，來積極推廣人性修道的抉擇。

在今日社會生活的體驗中，雅威的「你需要時，我就在」的解釋，似乎是人性精神生活的唯一出路。人性本身在感受到自身不足時，如何肯定自己的信念？又如何以肯定信念的方式，把自己的存在奠基在「存有本身」之上？

無論在個人的宗教情操方面，或是社會安寧的欲求方面，神的問題都不是可以存而不論的；無論在學術深層的探討，或是愚夫愚婦的通俗信仰，神的問題都是人生終極課題之一。

第十講

社會

人生在世上，不是孤立的，是一種「共同存有」，與別人同舟共濟。但是問題在於人際間如何相處，用哪一種政治制度？專制抑是民主？用哪一種經濟方式？資本主義？社會主義？三民主義？共產主義？大至國家的政體，小至具體的每一樣事情，像鐵路要公營？要私營？要公私合營？學校的興辦要公立，還是私立？都是制度面要注意的課題。

在人際關係的探討中，站在哲學的學科上說，是倫理道德的範圍；但是，道德規範所界定的，是個人行為的尺度，這尺度建立在整體人格的養成，涉及到思言行為的整體。若以道德為基準，落實到有組織、有體制的人群關係之中時，問題也就跟著落實到「社會」的探討中。

「眾人之事」的管理，以及其規範，還有已經發生以及可能發生的問題，都是社會哲學探討的課題。因此，在討論社會的課題上，很顯然的兩個焦點以及範圍，就是社會原理，以及社會問題。前者從人性的合群性做出發點，論及做人處世的種種「應然」；後者則在觀察社會變遷中，指出人間世各種問題「實然」的發生；然後，從「社會問題」的實際觀察中，抽離出問題的核心，以「社會原理」的各種探討，去疏導、去改進、去引導社會的發展和進步。

就針對社會原理以及社會問題雙方面的討論，我們試就以史的發展、內在涵義、當代意義三階段來探討。

第一部分　史的發展

在史的發展中，無論中西，亦無論社會原理或是社會問題，其最根本的出發點，都是從對「人」的看法開始；一旦人的尊嚴和價值被確定了之後，人際關係的規範也就確立起來；隨後來的各種困難的發生，無論是物質生活上的需要，或者是精神方面的享受，也無論是涉及個人的權利與義務，或者是群體的大眾需求，都奠基在從人性的體認所確立的道德規範之上。

倫理道德的原理原則，是社會型態的根本基礎；對道德實踐的程度，也就推展著社會發展的程度。

由於中西哲學對人性的理解不同，中西智慧發展的型態各異，因而，社會原理與社會問題，在史的發展中，有分開來討論的必要。

第一章 中國部分

中華民族早期的民生問題的解決方式，由於地理環境的輔助，很快地從游牧民族進展到農耕社會；「以農立國」的人性體驗，落實到和諧的、禮讓的人際關係中。這種人際關係的發展，使禮教的「長幼有序」，奠定了宗法社會的基礎。從個人的「慎獨」、「修身」開始，發展出一套獨善其身的「君子」的做人風度；而在人際關係中，從齊家到治國，到平天下，使個人在群體之中，能夠做到兼善天下，而達到「聖人」的處世方法。因而，在中國歷史的發展中，縱使社會背景因了某些野心家橫行霸道、主張征戰、發動侵略，而應時的哲學家也必然能夠用遠大的眼光，提出「仁愛」為做人處世之道，提出王道才是為政之途。王道型的文化社會的建構設計，雖然在原理上純屬理想。但是，這理想卻在不斷地催生社會中現實的措施。

因為中華文化的核心在設計王道社會，其智慧的發展也多偏重於人際關係，也多主張「以德化人」的政治型態，亦即是說，執政者當以德出眾，自己本身是君子又是聖人。也就因此，儒、道的思想方案，總是中國哲學的主流所在；而反過來，主張法術的法家，有時主張「以力服人」的思想，也多不為智者所接受。再則，由於中國傳統智慧偏向於人際關係的確立，因而，對「人與物」的關係，對「人與天」的關係，就相對地忽略了。

因此，社會的理想都在於「國泰民安」，都在於使百姓「豐衣足食」，甚至向天的祈福，也落實到「風調雨順」的禱詞中。而對各種「兵荒馬亂」，饑荒、各種災害，都視為「民不聊生」的生活困境。民生問題，實為中國傳統社會中問題的核心，仁政者必須以「勤政愛民」為尺度，而不能用「東征西討」的方式來滿足自己霸道的野心。

因此，朝代的傳遞，歷史的變遷，都使中國人在生活型態上，有絕大的自由，只要不作亂，不違反「國泰民安」的原則，有選擇任何一種職業的自由。先民的那首「日出而作，日入而息……帝力於我何有哉」的自由歌，正顯示著中國古代農耕社會的景象。

也就在這種政治制度不影響民間自由的社會型態下，民間發展了世代相傳的倫理道德、藝術、宗教；這些適合人性，同時出自人性的精神產品，雖然普及到全國全民，但是，卻並不是如西方制度宗教那樣，有法律的明文規定，而只是從家規、宗法，在風俗習慣下，流傳著人與人之間的群體生活模式。

因為理解到社會最小的組織是「家庭」，因之，「家」中心的文化型態，一直是中國社會的核心課題。從「家」的流傳及擴大，而成為「族」的情形下，世界上其他民族，從沒有像中華民族那麼重視「姓氏」的。「姓」的大單元，到「家」的小單元，於是奠定了人生的各種大事的禮儀和法則，各種婚喪慶典，以及富有宗教意味的祠堂，都形成人生不但在今生今世的行為尺度，而且推出了與來生來世的祖先連繫。儒、道之走進宗教儀式，佛學之通俗化，都使中國社會的原理，發展了和諧的、禮讓的，但亦是宗法的、家族的、姓氏為中心的社會。各種問題的發生，無論是貞節牌坊，或者是紀念廟宇，都在顯示出「光耀門楣」的心態。

士、農、工、商的職業選擇，配合著城鄉的發展，在整個社會的原則上，數千年來，都在這種「人際關係」的「家」中心方式中進展。人性的體驗，人高於物的承認，的確是中國傳統社會的原理。

社會問題的發生，往往是由於外來文化的入侵，而使人類開始覺醒，開始意識到「原則」與「切合時宜」兩極端的對立和衝突。中國社會的大變動，也就緊隨著西方生活型態的介入，以及士大夫開始崇洋的結果開始。

從農業社會急速地轉變為工、商業社會，也就推動著大家庭的分裂成為小家庭。由於社會型態的改變，而使人第一步對社會原理的反省和批判。在大家庭組織中，娶進門的媳婦，最重要的是如何與妯娌、公婆以及全家的人相處，與丈夫相處的困難根本上算是小事，也就因之，婚姻的始點在於父母之命、媒妁之言；但是，小家庭的社會，開始時也許總有夫妻小倆口，生活的全面也就靠兩人的志同道合，因而適用於自由戀愛，以及兩情相悅。

但是，在社會型態改變中，問題不在於型態的改變，而在於心態的適應。一個很不合邏輯的推論，時常作為批判的對象，就如：既然「自由戀愛」可以取代「父母之命」，那麼，傳統的其他倫理規範、社會原理，是否亦因此而過時了？

對傳統人生意念的動搖，與接受西方人生觀的積極，原是互為因果的；傳統宗教中的報應觀念被懷疑和否定之後，社會問題的發生，大自貪汙，小至偷盜，都只能藉西方的「法治」理念去消解。因為「法治」的理性化，相對地減低了人性的「情」，因而，傳統的人際關係，也就漸漸地變得冷漠，而不再以「人與人」的關係，講求禮讓、講求慈悲，而是敢用「人與物」的關係，談管理、談駕御、講法術。西洋「人與物」的「統治」觀念於是造成了中國近百年來，社會原理的改變，而且，其所導引出來的社會問題，亦多在「法術」的領域中，謀求解答。

其中最清楚的，便是傳統價值的「知即德」（孔子如是說，蘇格拉底亦如是說），轉變成法蘭西培根的「知識即權力」；制度面的「以德化人」，突然變成「以力服人」。

在西化的各種嘗試中，最大的不幸，莫過於飽受西洋十九世紀後半期思想的腐蝕；而在唯物主義的欺騙下，使神州陷入共產政權，使百姓遭受到莫之能禦的空前大災，人性的喪失、人權的浩劫，比起羅馬時代的奴隸制度，有過之而無不及。

幸好在中國文化社會遭受大難時，仍然有　國父孫中山先生的三民主義，站在人性以及人道的立場，集中國傳統與西洋精華於一身，為中國社會開創出一條光明大道。臺省的各項設施，也正向著這方面努力。目前，大陸的改革開放，事實上也在攝取中西文化的社會精華，而擯棄不合人性，不合時宜的唯物思想和鬥爭手段。

第二章　西洋部分

西洋從希臘海島一開始，就有了商業型態的社會，也因此發展著霸道文化的傳統；後來更由於著重「人與物」的關係，以之用來作為「人與人」，甚至「人與天」的衡量標準。奴隸制度以及殖民政策的盟主爭奪，對人道的看法，顯然與中國哲學大異其趣：公理的尊重自然而然地就不及強權的崇拜。

城邦的政治社會，再加上制度宗教的介入，使後起的封建社會劃分了貴族與平民的相異地位，而且，在神權時代中的社會原理，在制度上固有「博愛」的理論，可是，在實際上，社會問題竟發生在各種德目的倫理解釋上。

及至由神權轉移向君權之後，社會型態雖沒有多大的改變，但是，社會原理的基礎卻是由宗教情操，轉向了霸權的爭奪。民權的發生，伴隨著「靈魂是上帝的肖像」的平等原則，而高唱民主和自由。

在各種社會改革中，百姓的意識覺醒，伴隨著工業革命的興奮，導引出「人與物」的佔有、爭奪的關係。自然科學的飛速進步，社會科學的萌芽和提倡，都在「法治」和「實驗」的原則下，來建構人生哲學的種種。社會原理中，人性的體認，也全在「法術」之下，來談人際關係；在社會問題的各種探討中，「人的問題」並不是絕對的核心，社會學所關心的，早已從哲學的「人的問題」中走出，而走向「把人當問題」來討論。糧食學家真正關切的課題，已不再是如何替人類找尋足夠的食物，而是提出人口爆炸的言詞，迫使人們要節育，甚至要墮胎。吃飯本來是人的問題，但是，學者卻在這裡設法減少人口；當然，若人類不存在了，也就沒有饑餓問題。但是，在社會原理中，我們的重心，是在「替人類」解決問題，而不是為了問題能容易解決，而除掉部分人類。因為在法律的權利上，我們要問：人口太多，應該減少；但問題是，誰應被刪除？誰更有權利活下去？

由西洋文化一脈相傳的社會，治人的方式，雖然有「法律」的無上權威，但是，不但把「情」的因素除去，而且，其關心的課題重心也由「人與人」，走向了「人與物」。這也就是發展自然科學最重要的本錢和條件。十九世紀各種哲學的設計，都是在促進這樣的社會。「西方沒落」的先知警語，原就是要挽回人性在生活中的迷失。

像英國為了避免資本主義經濟的害處，但卻為福利國家的設計，而終於把治權交給了工黨，以智慧最低的人群來領導國家社會，致使國家不勝負荷，而失去了昔日帝國的光榮地位。當然，資本主義的型態，催生了勞資之間的隔離，而且製造了貧富懸殊；但是，適度的福利，由政府居中，實行累進所得稅，並不是不可行的方案。還有，由宗教情操所領導的捐獻、救濟，也是一條可行之道，使有錢人願意拿錢出來，辦公益事業；並不一定非走「共產主義」的途徑不可。

從資本主義所產生的，無論是共產主義，或者是福利國家，都不一定在謀求人性的發展；當然，在否定了人性尊嚴和價值的共產國家中，根本談不上社會正義；但是，另一方面的福利國家，雖然國民個個都有了生命保障，卻阻礙了整體社會的進步和繁榮。社會的發展和個人的生存，原是休戚相關的。

西洋的社會原理，尤其到了二十世紀，由於社會科學的突飛猛進，各種學說互相爭榮；但對人性的看法，仍免不了以「人與物」的關係作重心，重在用科學方法去「管理」、去「控制」別人。「法」的歌頌，總是在淡忘人性中「情」的部分。

◎第二部分　內在涵義

「人是政治的動物」指出了人的合群性。人生本來就不是孤獨的，它生存在人與人之間，受別人關心，同時亦關心別人；而且，人生的幸福，也莫過於親身感受到愛與被愛。

「社會」的組成，於是就在於解決人類在實現合群的天性時，所遭遇到的所有困難；在積極上，則是直接實施倫理道德原理原則，使人性因了人際關係，而完成完美的人格。原來，從人性到人格，中間的過程，最根本的是從慎獨開始的「修身」，然後就是在人際關係中的「齊家、治國、平天下」；前者是「人與自己」的關係，後者是「人與人」之間的關係。社會的原理，就是要在這種人生定位中，找出人性修成之道。

如何在人際關係中「處世」「做人」，就成為倫理學所探討的課題，但是，倫理規範落實到具體生活中，就成了社會。在這種社會原理所導引出來的社會制度下，產生出來的所有問題的根本，都是在道德規範基礎上落實。當然，目前社會科學的發展，對人的行為有許多特殊的體認，因而也從中了解到許多特殊的社會問題，而希望透過心理分析、透過心理輔導，而使人性度一種正常的人際關係的生活。

這也就是各種社會科學發展中，設法兼顧到「情」、「理」、「法」三方面。就如自殺的行為，在法律上原應受罰的，但是在情理上，對自殺成功的人，人已死，也就無從處罰；自殺不成功者，心靈創傷已是夠大的打擊，不應該再受懲罰了，因而「法」可用「理」和「情」去疏導、去指引、去修正。

「法」治社會有最大的好處就是「公」和「正」，使人人都有同樣的機會；有同樣的義務，也有同樣的權利。當然，法治社會所顧及到的，是人人平等的倫理原則，用法去保護弱小，用法去刑裁兇暴。因而，在社會哲學的探討中，「目的」的訂立是一切法則的根本。

在目的的探究中，顯然的，最先要指明的，就是：社會是為了個人，而不是個人為了社會。但是，在這種原則之下，應該有清楚的解釋，就如：個人雖然是社會結社的目的，但是，為了保障許許多多的個人，社會的存在就成為絕對必須，而在這種眼光下，人際關係發展到某種程度時，在社會受到危機時，個人就有義務出來，甚至犧牲性命，為群體服務。

也就因此，我們在社會哲學的探討中，一方面反對「集體主義」，他方面亦反對「個人主義」；因為，前者的偏差在於把社會當作目的，把個人當作方法和工具；而後者則將導致「自由主義」以及「無政府主義」，終使社會紛亂，而生靈塗炭。

集體主義的極端就是共產主義；個人主義的極端就造成嬉痞世界。

當然，除了極端的集體主義和個人主義之外，還有民族主義和世界主義的對立：前者以民族意識的愛國情操，來復興民族，來使自己的國家民族強盛；後者則以為人類既有共同的人性，因而應打破國界，而進入於大同世界。

在中國傳統政治社會理想中，民族主義原是走進世界主義的途徑；而且，這途徑是靠根本的人格修成；也就是從修身開始，一切以修身為本，經過齊家，到治國；齊家與治國的確需要民族意識的支持；從基層工作做好以後，才能談到世界主義，「國治之後天下平」。因而，中國社會的構想，的確是先經民族主義，而後領導全世界走向世界大同；而且，其方法是以「平等」和「博愛」的方式。

西洋的政治構想，無論希臘或羅馬，都在設計世界主義的藍圖，但是，都是由於沒有經過健全的民族主義，因而都無法在平天下的工夫上，做到理想的地步；甚至，到了十八世紀之後，無論拿破崙的法國民族主義，或是後來的德國希特勒的民族主義，其實都陷入了種族主義之中，而且是以「侵略」的方式，以民族的優越感，來奴役其他民族；更有甚者，其世界主義的藍圖，並非站在「平等」的原則下規劃，而是以霸主的姿態，來奴役其他國家民族的世界主義。

當然，共產主義亦屬世界主義的一種，它不以種族來統治，而是以馬列的教條來鼓動人際關係的「鬥爭」。還有，世上的各種宗教（少數像猶太教等除外），大都是世界主義的構想，希望透過宗教啟示對人性的體認，衝破種族的界限，衝破國界，而使全人類都擁有共同的信仰，一致的人生觀，一同進入涅槃境界，或是進入天國。

社會原理所涉及的問題很深很廣，但都不超出人生此世的活動範圍。但是，人生時間的三個面向：前生前世、今生今世、來生來世；今生今世無疑地在這三度時間中，算是最短暫的，也因此，其生存的原理原則，總會受到對來生來世的看法影響；這也就是宗教信仰對社會原理的必然影響。

如果承認人生有來生來世，則今生今世的許多問題，都無法單獨研究，即是說：許多今生今世的事，尤其是那些超乎科學、超乎哲學理知的事，都應用「神祕」的方式去解釋。就如目前討論得相當激烈的安樂死問題，當然，若以生命的本身來看，若以人生只有今生今世來看，對一個痛苦已極而又醫藥罔效的病人，安樂死不但可以，而且應該提倡。但是，在人類無法理解「受苦受難」的意義之前，驟然的斷言總是不明智之舉。

◎第三部分　當代意義

在文化世代傳遞中，前人定出了許多倫理規範，他們用經驗、用智慧，為後人指出了做人處世之途。在這裡，我們最先要分清的，就是社會原理和進行方式的不同：就如敦親睦鄰的原則，在農業社會中，當然是左右鄰居，但是，在工業社會中的進行方式，則是前後、左右、上下都是鄰居。原則不變，進行方式改變了。

再過來就是人性的內涵與外延要一齊兼顧，就如自殺問題的考慮，若單看「自己是自己的主人」的片面，每個人都可以自殺；但是，若考慮到「人際關係」時，要關心別人，同時亦被人關心，就會覺得自殺也許是不負責任的行為。再如談到「自由」問題時，個人單獨的思考將是：「我要做什麼就做什麼」，但是，若顧及到社會整體，則必然要做到「我要做什麼就偏不做什麼」，才是真正的自由表現。因為，自由的最高境界，是「從心所欲，不踰矩」；前者指出了內涵，後者指出了外延。

在哲學家心目中，在世界上「物」存在、「人」存在，各種「法則」亦存在。但是，每一種存在都有特定的型態，個人面對這些存在因而亦有不同的態度：對物是「用」，對人是「愛」，對天是「敬」：用物、愛人、敬天就應該成為社會原理的根本；把用物的原理拿來駕御人，當然就違反了人性。利用人們的宗教情操來騙財騙色，當然就違反了敬天的本意。

在社會群體與個人的對立中，必須先認清二者的雙邊關係；在社會群體中保有個人的單獨存在，但同時在個人存在中，亦有社會群體意識；使個人的獨立性，在群眾洪流中，仍然能夠彰顯出來。

從整體的觀點看社會時，就是個人、家庭、種族、國家、世界，一步步地擴大「人際關係」；在此世的最終目標「天下平」的原則下，前面的階段都成了過程，都成了手段；但是，卻也是必須的手段；而且，個人修身成為君子和聖人，才是人生的生存目的；

因而，天下平是為了每一個個人都能度一種符合人性和人格的生活；反過來，個人由於宗教情操的培養，可以為了別人而拋棄自己今生今世的幸福。在忠孝不能兩全時，就應當為了更大的「大我」選擇自己應走的路。

情、理、法兼顧的社會，才是社會原理中應該顧及的課題。在遭遇所有社會問題時，人性的立場、人道主義的立場，配合著科學的、倫理的、藝術的、宗教的人生理解和感受，來解決問題。

就在社會原理和社會問題都能以描述的方式，獲得正確的體認的設計時，最後且最根本的課題，就落實到形而上的探討之中。因為社會是討論「人際關係」，而關係則永遠是相對的。在相對的關係中，具體生活總不免要問及它的思想基礎；亦即是說：相對的事物必須要有「絕對」來支持。社會哲學的形而上基礎，因而亦是社會原理之一，而且當是原理之原理，最基本的原理。

這形而上的體認，當然也就是問及以「人性」為目的的社會原理，是否還有「天理」作基礎？人理在有了天理之後，才算是有永恆的價值。

若然，則人生的最終問題：對來生來世的寄望，對彼岸永恆幸福的嚮往，才是今生今世做人處世的指針。來世問題、報應問題的最終答案，才是倫理規範以及社會原理的最終基礎。為什麼做好人？為什麼做好事？等等問題都要在這種整體的人生觀中，看出其最終的答案。

社會課題與宗教的課題至此又必須合一，必須相輔相成。

在當代的人際關係密切的社會中，由於科技的一日千里，不但「複製人」的呼聲越來越高，把人的「肉體生命」提升到完美的地步，從中可以換心換腎換肝，其中可以消除百病，延年益壽；這種對「長生不老」的寄望，似乎越來越接近；同時，人際關係的「自由」也在不斷地發展：離婚，單親家庭，婚外情，代理孕母，精子銀行等問題，科學家所關心的，是技術「能否」做到的問題，而哲學家所關心的，則是「可否」的道德問題，在此二者無法獲得妥協之前，社會問題就無法獲得解答，人類的福祉也將沒有保障。

科學如利劍，有雙面關係，一方面可以造福人類，但另方面亦可殘殺人類。唯有哲學才能釐清並引導人的能力，向著至善邁進，而減少災難的發生。

對「當代社會」而言，傳統的觀念「人人有事做，事事有人做」，還是有效的。「人人有事做」，就表示沒有失業問題；沒有人失業，也就能印證「老有所養，幼有所長，壯有所用」；「事事有人做」，就意謂不必請外勞，每個社會「人」與「事」都可完滿解決。目前社會問題中，失業問題，外勞問題都會造成經濟發展的困境，直接影響到「民生問題」。而「民生問題」又是政治、社會問題之首。

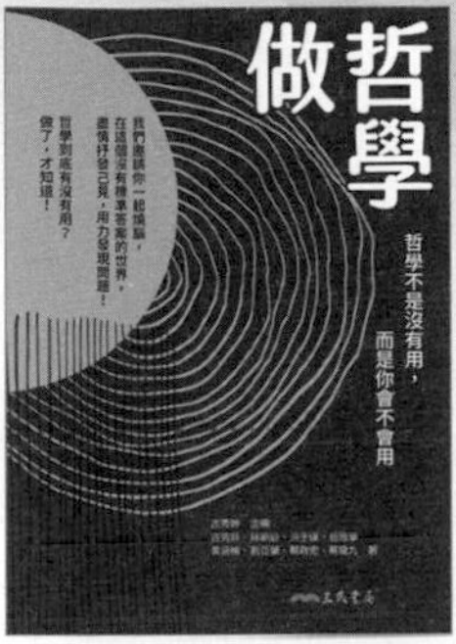

做哲學：哲學不是沒有用，而是你會不會用　古秀玲　等著

哲學普及運動讓臺灣對議題參與的熱衷程度大幅上升，為了鼓勵將思考轉化為獨立且成熟的公民行動，本書的八位哲學教師將從日常生活經驗著手，帶領讀者思考哲學問題。現在，請戴好你的安全帽，因為我們將要進入哲學工地開始做哲學！

硬美學——從柏拉圖到古德曼的七種不流行讀法　劉亞蘭　著

本書作者另闢蹊徑，從七個迥異的主題下手，藉由美學與藝術哲學內最「冷硬」、最尖銳的議題來挑動讀者的哲學神經。循著七種美學的「不流行讀法」，帶領讀者一窺藝術、美與哲學背後的種種爭論，來一趟「硬」美學之旅！

近代哲學趣談　鄔昆如　著

本書為從文藝復興開始到黑格爾辯證法為止的思想歷程。中世宗教的「仁愛」被拋棄，導致十九世紀後半為西洋近代思想最黑暗的時代。作者引導人們認識西方近代哲學，從而領悟到「精神生活的確立與提昇為人類文化發展之方向」的意義。

思考的祕密

傅皓政 著

本書專為所有對邏輯有興趣、有疑惑的讀者設計，從小故事著眼，帶領讀者一探邏輯之祕。本書沒有大量繁複的演算題目，只有分段細述人類思考問題時候的詳細過程，全書簡單而透澈，讓您輕鬆掌握邏輯推演步驟及系統設計的理念。

韓非，快逃！

李賢中 著

韓非為何要「快逃」？若韓非是現代人，他是否會沿用他的學說呢？在現代社會中，法家哲學還適用嗎？在作者輕鬆詼諧的文筆下，層層剖析韓非思想內涵，以淺近生動的譬喻，思索活用於現代的可能，讓讀者輕鬆閱讀、愛不釋卷！

我的自由，不自由？

鄭光明 著

道德必定會限制我們的自由嗎？西洋諺語：「言論不會傷人，只有石頭會傷人。」真是這樣嗎？本書以應用倫理學的有趣議題，直擊言論自由問題的核心。透過宅憤青、小狗阿力、卡洛琳等人物的校園哲學激辯，帶領讀者一起思考自由的限度。

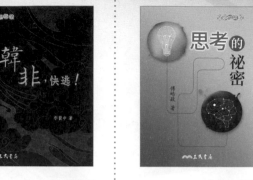

國家圖書館出版品預行編目資料

哲學十大問題／鄔昆如著,.——四版一刷.——臺北市：東大，2022

面；　公分.——（哲學輕鬆讀）

ISBN 978-957-19-3334-4（平裝）

1. 哲學

100　　111013885

哲學輕鬆讀

哲學十大問題

作　者｜鄔昆如
發行人｜劉仲傑
出版者｜東大圖書股份有限公司
地　址｜臺北市復興北路 386 號 (復北門市)
臺北市重慶南路一段 61 號 (重南門市)
電　話｜(02)25006600
網　址｜三民網路書店 https://www.sanmin.com.tw

出版日期｜初版一刷 1978 年 5 月
三版一刷 2014 年 6 月
四版一刷 2022 年 11 月
書籍編號｜E100110
ISBN｜978-957-19-3334-4

東大圖書公司